ZICHAN GUANLI FAZHAN
YU
LICAI GONGSI BIANGE

资产管理发展
与理财公司变革

分析资产管理市场发展

卜振兴 / 著

人民日报出版社
· 北京 ·

图书在版编目（ＣＩＰ）数据

资产管理发展与理财公司变革 / 卜振兴著. —北京：
人民日报出版社, 2022.12
　　ISBN 978-7-5115-7627-9

　　Ⅰ.①资… Ⅱ.①卜… Ⅲ.①金融公司—资产管理—
发展—研究—中国 Ⅳ.①F832.3
　　中国版本图书馆CIP数据核字(2022)第240244号

书　　名：资产管理发展与理财公司变革
　　　　　ZICHAN GUANLI FAZHAN YU LICAI GONGSI BIANGE
作　　者：卜振兴

出 版 人：刘华新
责任编辑：袁兆英
封面设计：橙　子

出版发行：人民日报出版社
社　　址：北京金台西路2号
邮政编码：100733
发行热线：（010）65369509　65369527　65369846　65369528
邮购热线：（010）65369530　65363527
编辑热线：（010）65363251
网　　址：www.peopledailypress.com
经　　销：新华书店
印　　刷：河北盛世彩捷印刷有限公司
法律顾问：北京科宇律师事务所 010-83622312

开　　本：710mm×1000mm　1/16
字　　数：192千字
印　　张：12.5
版次印次：2022年12月第1版　　2022年12月第1次印刷
书　　号：ISBN 978-7-5115-7627-9
定　　价：46.00元

前　言

　　回顾全球经济近几十年的发展历程，可以说中国的改革开放以及它带来的长达四十余年的高速增长，创造了世界经济增长的一个奇迹。一个十几亿人口的大国，每年以两位数的增长，迅速实现了经济规模的壮大，不禁让世界惊叹。改革开放40多年来，我国GDP总量增长了270多倍，由1978年的3679亿元增加至2020年的101.6万亿元。人均GDP增加了100多倍，创造了人类历史上最大规模的物质财富。经过几十年的发展，我国已经由低收入国家进入中等收入国家行列，正在向高收入国家迈进。改革开放的制度红利和人口红利帮助中国家庭实现了财富的迅速积累，中国家庭自2000年以来用18年时间实现了美国自1910年以来85年的财富增长。经济增长和随之而来的居民财富的增加，促进了居民财富管理意识的觉醒。

　　在经济增长的过程中，资产管理制度也在不断完善，金融市场在不断发展。上海证券交易所和深圳证券交易所相继建立，让中国资本市场的发展迎来了崭新的一页，也为资产管理提供了更多可以选择的可能。截止到目前，我国已经形成了以银行机构为主的间接融资市场体系和多层次资本市场为主的直接融资体系，主板、中小板、科创板等资本市场更加完善。市场规模的急速扩大和金融机构的逐步健全，为资产管理市场的发展提供了有利条件。1998年第一支证券投资基金诞生，2001年第一支开放式基金发行，2004年第一支银行理财产品推出，股票、基金、银行理财等逐渐进入普通投资者的生活中。居民资产管理的品种也由最早的存款、国债等扩展到更加多元的品种上面。

　　从人口结构和经济结构的变化来看，随着我国老龄化社会的加速到来，以个人商业养老保险为主的第三支柱重要性越发凸显。老龄人口的风险意识相对保守、风险承受能力下降，对能够带来长期稳定现金流、风险适中的金融产品的需求增加。同时，随着国民财富实现快速积累，老百姓的消费观念和投资理念迅速与国际接轨，这两方面都为资产管理市场提供了广阔的发展空间。客户财富管理观念从单纯对高收益的追求转变为对满足流动性前提下的综合收益解决方案的需求，也对资产管理机构提出了更高的要求。

此外，金融科技的迅猛发展为资产管理提供了赋能驱动。近年来，互联网科技的发展催生了互联网资产管理的新业态，人工智能的发展为智能投顾带来了巨大市场空间，大数据的运用将资产管理提高到新的层次和水平。随着金融科技在资产管理领域中的广泛应用，金融与科技的不断融合，使得资产管理能够覆盖到更多的长尾客户，使得个性化精准理财成为可能。

整体来看，经济发展和收入增长、结构转变和观念升级、金融发展和技术进步是驱动资产管理行业不断发展的三股重要力量。截止到2020年底，我国资产管理市场的规模已经达到了126.7万亿，占同期GDP的比重为124.7%。目前来看，这三种驱动力量依然强劲，可以预见，我国资产管理行业发展的潜力依然巨大，前景广阔。

作为资产管理机构的一员，银行理财在资产管理中扮演着重要的角色，为整个资产管理行业的发展提供了重要的支撑。银行理财的发展实现了居民财富的保值增值，为客户创造了稳健的收益；提升了投资者教育的水平，让投资者正确认识风险和收益；推动了居民财富意识的觉醒，促进了居民投资领域、财富配置和财富规划的拓展和完善；促进了资产管理市场的发展，壮大了市场规模，丰富了产品类型，优化了市场结构。

但是银行理财在长期发展过程中也积累了很多的问题，作为影子银行代表的银行理财，实际上构建了类似表内业务的"资金池"，但是又不受表内监管的约束。随着资金规模的增长，积累了很大的风险。突出表现在：刚性兑付偏离了代客理财的本源，导致风险在银行体系内的累积；多层嵌套规避了监管约束，导致杠杆不清、风险不明；信息不透明违反了"了解产品"和"了解客户"的理念，导致客户不能实现风险自担；脱实向虚违背了服务实体的根本，导致资金在金融体系内的空转抬升了融资成本。

2018年，资产管理行业迎来了新的变革。在这一年，监管机构连发三道金牌：《关于规范金融机构资产管理业务的指导意见》《商业银行理财业务监督管理办法》《商业银行理财子公司管理办法》。这一系列政策文件的推出，使得资产管理行业的变革由此拉开序幕，资产管理行业迎来了重大的转变。一系列监管政策的出台有助于统一监管标准，消除套利空间；抑制通道委外业务，消除多层嵌套；有序打破刚兑，回归代客理财本源；加强非标管理，防范影子银行风险；规范信息披露行为，实现穿透式监管；控制杠杆水平，加强流动性管理。归纳起来，一系列监管政策的目的就是回归服务经济本源、防范化解重大风险。尤其是《商业银行理财子公司管理办法》中明确提出，具有证券投资基金托管业务资质的商业银行，应当设立具有独立法人地位的子公司开展资产管理业务。从监管角度来讲，是非常鼓励有条件的商业银行成立理财子公司的。从实际反应来看，商业银行设立理财子公司的热情和积极性相当高涨。经过近半年的酝酿，2019年6月第一家理财子公司——建信理财有限责任公司正式成立，2019年因此也被称为"理财子公司元年"。作为独立的企业组织形式，理财子公司面临着转型的压力，也面临着来自同业的竞争和挑战。随着理财子公司相继公告成立，资管行业的格局出现了调整和变化。对于处于同一赛道的资产管理机构而言。如何在相互竞争的关系中谋求合作的契机，成为资管行业不同经营主体之间需要面对的重要课题。

作为一种全新的资产管理机构，银行理财因为体量大、背景深，对整个资管行业产生了深远影响。理财子公司成立于行业发生重大变革的背景下，面临着经营模式转型、关系重新定位、人才系统欠缺、能力亟待提升等方面的挑战，面临着产品销售、战略定位、企业文化、体制机制等方面的调整和变革压力，同时，也有市场机遇、政策机遇和转型机遇等方面的有利条件。理财公司如何充分发挥现有优势，实现改革发展成为重要的课题。

本书一共13章，主要包括了三部分内容。第一部分从第一章至第四章，主要介绍资产管理市场发展的历程、发展趋势、发展的新变化，以及受疫情冲击资产管理市场呈现的新特点。第二部分从第五章至第九章，主要介绍理财公司在资产管理中扮演的角色，商业银行理财公司面临的组织变革，理财公司现有的优势与劣势，理财公司面临的机遇和挑战，理财公司与公募基金的竞争与合作。第三部分从第十章至第十三章，主要是对理财公司发展的销售管理、企业文化、体制机制、战略定位等提出了相应的政策建议。

这里我们还需要对两对概念进行简要的分析。他们分别是财富管理与资产管理，理财子公司和理财公司。

关于财富管理与资产管理，两者就如同一枚硬币的两面，本质并无实质性的区别，仅仅是侧重点不同。财富管理是指资产管理机构根据个人或者机构的委托，以实现财富保值增值、代际传承等为目标，通过产品设计和资产规划为客户提供一揽子、全方位、个性化的金融服务方案。而资产管理是指资产管理机构，根据受托人的要求，以实现产品收益和投资资产的增值为目标，通过参与资本市场投资获取收益，满足客户受托投资的目的。从范围上来看，财富管理涵盖的范围宽于资产管理，所有能提供居民财富管理的机构都可以认为是资产管理机构，并不仅仅限于目前专门从事"代客理财"的资产管理机构。从服务对象上来看，财富管理是以客户为中心，是通过财富管理和客户关系管理，制订合理的财富管理规划，实现财富管理的目标，财富管理关注的是客户。资产管理是以资产为核心，是通过资产配置和资产运作，实现资产生息和增值的目标，资产管理关注的是资产。从实际操作来看，财富管理主要关注财富规划、客户需求、投资者适当性管理等，通过挖掘客户的个性化需求，为客户提供有针对性的服务。而资产管理主要是关注产品设计、资产配置以及追求收益等，通过各类资产的配置，挖掘各类资产的投资价值。资产管理是财富管理的基础和实现路径，财富管理是资产管理的整合和实现目标。因此，在讲到行业发展时，我们更多的选择了财富管理的概念，从居民角度阐释了财富管理行业的变迁和未来。在讲到机构方面时，我们更多的是采用了资产管理机构的概念。

而关于理财子公司和理财公司，两者名称出现了调整和变化，涉及的范围和机构也有不同。2018年资管新规发布，其中提出鼓励有条件的商业银行设立独立的子公司专营理财业务。之后市场中普遍使用"银行理财子公司""理财子公司"等命名即将成立的子公司。2018年，资管新规发布的同年，银保监会又发布了《商业银行理财子公司管理办法》，在这个办法中第一次对商业银行资产管理部脱离商业银行独立成立的公司名称给予了界定，并且给出了官方的称谓。文件发布后，监管和市场都将商业银行独立出来的子公司统一称为"理财子公司"，这一称谓延续了两年多。2021年6月，银保监会发布了《理财公司理财产品销售管理暂行办法》，将2020年底发布的意见稿《商业银行理财子公司理财产品销售管理暂行办法》中关于银行理财专营机构的名称从"理财子公司"转变为"理财公司"。并且在暂行办法中，对于银行理财机构也做了扩容，不仅包括商业银行的理财子公司，也包括银保监会批准设立的其他理财公司，这其中就将新成立的合资公司，乃至以后可能成立的外商独资理财公司等都纳入理财公司的管理范围内。也正是鉴于理财公司名称的变更，本章在前半段大多采用了"理财子公司"的表述，后面很多采用了"理财公司"的表述。

根据招商银行和贝恩公司2021年联合发布的《中国私人财富报告》，截止到2020年底，中国可投资资产规模超过1000万的高净值客户达到了262万，这一数据到2021年底可能突破300万，可投资资产规模将突破90万亿。而2018年中国高净值客户仅198万，可投资资产规模61万亿。不论是高净值人群的数量，还是投资资产的规模，在短短3年内就增长了50%。根据美国波士顿咨询公司的预测，2023年中国居民个人可投资金融资产规模将会达到243万亿元人民币，对比2019年建设银行和波士顿咨询公司联合发布的《中国私人银行2019》报告中披露的数据，截止到2018年底中国居民个人可投资金融资产总额147万亿来看，5年预计增长65%。2020年底，中国居民的个人可投资金融资产就已经突破200万亿，达到了205万亿元。两年时间就增长了39.5%，可以预见的是2023年将会很容易超过波士顿咨询公司的预测规模。一系列数据表明，不论是中国居民总体的可投资金融资产规模，还是高净值客户的可投资资产规模，都在高速增长，给资产管理市场带来的必然是源源不断的增量资金，我国资产管理行业面临着广阔的发展空间。

本书在介绍和分析资产管理市场发展的基础上，对理财公司在资产管理中扮演的重要角色进行了分析，提出了理财公司面临的优势与劣势、机遇与挑战、竞争与合作等问题，并在此基础上对理财公司的发展提出了政策建议。在资产管理行业快速发展和深刻变化的背景下，本书的研究具有重要的理论意义和实践意义。

目 录
CONTENTS

第一章　我国资产管理发展的回顾

改革开放以来，我国资产管理行业得到了快速发展。资产管理呈现出专业化、智能化、多元化、安全化和普惠化的特点。根据《中国资产管理市场研究报告》的数据显示，截止到2018年底，我国资产管理市场的规模已经达到130万亿元，是GDP总量的1.5倍左右，并且依然蕴藏着巨大的潜力。经济发展和收入增长、结构转变和观念升级、金融发展和技术进步是资产管理行业三股重要的驱动力量。虽然我国资产管理市场发展的规模很大、速度很快，但是也存在监管制度不尽完善、业务模式有待转型、产品同质化明显、基础设施有待加强和人才储备匮乏的问题。在此基础上，本章提出了坚持"以客户为中心"、实现多元化配置、加强投研能力建设、加强人才培养、提升服务实体经济能力等政策建议。

第一节　发展历程和特点

与国外的资产管理市场相比，我国的资产管理市场起步比较晚、发展时间比较短，目前已经经历了萌芽、发展、快速发展和规范发展的不同阶段。

一、资产管理的历程

从国内来看，我国资产管理行业的发展大致经历了以下四个阶段。

第一阶段是在2007年之前。改革开放后，我国资产管理进入了萌芽阶段，这一时期的代表性现象是居民开始大量购买国库券，从而取代了单一的储蓄存款，居民的投资方式由存款变成了国库券+存款。20世纪90年代后，对于中国资本市场而言，最重要的事件就是上海证券交易所和深圳证券交易所的成立。交易所的成立，进一步丰富了居民投资的方式，除存款和国库券投资外，居民可以通过股票投资参与资本市场。随着上市公司数量的逐步增加和证券市场监管的逐步规范，居民参与资本市场投资的热情不断高涨，我国资产管理步入了初步发展阶段。伴随着居民理财需求的不断增加，资产管理机构也推出了相应的金融服务，如招商银行在1995年推出的"一卡通"，可以将本外币、定期存款、代收代付等功能集于一体，标志着国内以个人客户为对象的理财产品开始出现。1998年第一支证券投资基金诞生，2001年第一支开放式基金正式发行，基金产品正式进入普通投资者的生活中。2002年银行开始对客户进行分层，资产管理的需求被进一步挖掘。

20世纪90年代末开始，为了解决国企改革和发展的资金需求问题，我国开始股权分置改革。股权分置改革带来了股市财富效应，催生了以公募基金为主导的资产管理市场。这一阶段，资产管理行业规模较小，投融资功能发挥不明显，但是行业迎来了第一波发展的浪潮。在此背景下，商业银行也控股和参股了部分公募基金，成为资产管理市场的重要参与力量。截止到2020年底，我国公募基金公司一共146家，其中银行系公募基金公司15家，具体情况如下：

表1-1　银行系基金公司基本情况

基金管理人	成立年份	股东[①]
招商基金管理有限公司	2002	招商银行55%，招商证券45%
中银基金管理有限公司	2004	中国银行83.5%，贝莱德投资管理（英国）有限公司16.5%
工银瑞信基金管理有限公司	2005	中国工商银行80%，瑞士信贷（香港）有限公司20%
交银施罗德基金管理有限公司	2005	交通银行65%，施罗德投资管理有限公司30%，中国国际海运集装箱（集团）5%

---

① 主要展示持股比例大于5%的股东情况

（续表）

基金管理人	成立年份	股东
建信基金管理有限责任公司	2005	中国建设银行65%，信安金融服务公司25%，中国华电集团有限公司10%
中欧基金管理有限公司	2006	意大利意联银行股份合作公司25%，北京百骏投资有限公司20%，国都证券20%，上海睦亿投资管理合伙企业（有限合伙）20%
浦银安盛基金管理有限公司	2007	上海浦东发展银行51%，法国安盛投资管理公司39%，上海国盛集团资产有限公司10%
农银汇理基金管理有限公司	2008	中国农业银行51.67%，东方汇理资产管理公司33.33%，中铝资本控股有限公司15%
民生加银基金管理有限公司	2008	中国民生银行63.33%，加拿大皇家银行30%，三峡财务有限责任公司6.67%
中加基金管理有限公司	2013	北京银行44%，加拿大丰业银行公司28%，北京乾融投资（集团）有限公司12%，中地种业（集团）有限公司6%
兴业基金管理有限公司	2013	兴业银行90%，中海集团投资有限公司10%
鑫元基金管理有限公司	2013	南京银行80%，南京高科20%
上银基金管理有限公司	2013	上海银行90%，中国机械工业集团10%
永赢基金管理有限公司	2013	宁波银行71.49%，利安资金管理公司28.51%
恒生前海基金管理有限公司	2016	恒生银行有限公司70%，前海金融控股有限公司30%

第二阶段是2008年到2012年。金融危机后，4万亿投资催生了大量的表外融资需求。在监管约束下，以信托为代表的通道业务迅速发展，银信合作成为资产管理业务发展的主要模式，在一定程度上替代了传统的信贷业务。但是在这一阶段，"通道+资金池+刚性兑付"的模式，导致资产管理业务逐渐偏离了代客理财的本源，积累的风险也极易传染到表内所列资产。在这种背景下，监管机构明确提出要加强表内、表外资金的隔离。2009年工商银行资产管理部正

式成立，成为最早在总行层面设立资产管理部门的商业银行。之后其他商业银行也开始成立资产管理部，目前包括国有商业银行、股份制商业银行、部分城市商业银行和农村商业银行均成立了专门的资产管理部门。

第三阶段是2013年至2016年，这一阶段牌照资源放开，各类资产管理机构纷纷扩大业务规模，进行产品创新。行业之间的竞争与合作更加充分，非标准化资产异军突起，得到了较快发展。截止到2015年底，资产管理行业总规模已近百万亿（含通道），促使该轮资产管理行业迅速发展的主要因素是制度宽松。受监管政策放宽影响，不同类型资产管理机构纷纷"跨界"，行业进入了泛资产管理的时代。在这一阶段，也出现了非标泛滥+通道+多层嵌套+资金池+刚性兑付等模式，资产管理行业的风险因素也在不断积累。银保监会于2014年发布了《关于完善银行理财业务组织管理体系有关事项的通知》（35号文），要求商业银行按照单独核算、风险隔离、行为规范、归口管理等要求开展理财业务事业部制改革，并设立专门的理财业务经营部门。商业银行资产管理部门成立的步伐加快，事业部制改革也在不断推进。资产管理的机构系统不断完善，包括了银行、基金、券商、保险、期货等资产管理机构；产品不断丰富，涵盖了存款、基金、理财、券商资管计划、股票、信托、定增等，资产管理进入了快速发展的阶段。

第四阶段是从2017年至今，资产管理行业迎来了变革发展的阶段。经过十余年的发展，我国资产管理业务在规模不断壮大的同时也积累了很多的问题，刚性兑付、多层嵌套、池化运作、非标泛滥等导致金融系统的风险不断累积，银行表外理财形成了影子银行和交叉金融产品的乱象，非标虽然从事类信贷业务，但是不受传统金融机构的监管，乱象频出。在前期快速发展的基础上，为了规范资产管理行业的发展，监管部门加强了对行业的规范和调整，我国的资产管理进入了规范发展的新阶段。

二、资产管理的特点

居民财富管理需求的不断增加催生了资产管理行业的快速发展，当前我国资产管理行业的发展呈现以下趋势。

一是专业化。随着资产管理市场的不断发展，资产管理的方式已经从投资者自主理财、自主资产配置向专业性的资产管理机构转变。个人投资者从"赤膊上阵"亲自上场,逐渐退到"幕后",委托专业的资产管理机构打理自己的资产,让专业的人做专业的事情。目前,资产管理市场已经形成包括公募基金、银行理财、保险资管、信托资管等多层次、多元化的市场体系,推动了资产管理行业进一步向专业化方向发展。

二是智能化。传统的资产管理重视产品,主要是通过营销将产品推销给客户,没有充分考虑客户的需求。但是,金融科技的不断发展,尤其是大数据、区块链、人工智能等新技术的应用,让资产管理机构能够充分地挖掘和满足客户的需求。科技的加持使资产管理的智能化模式越来越明显,也为资产管理机构对未来行业的发展提供了更多想象空间。

三是多元化。这里的多元化,不仅仅是产品的多元化,也指资产配置的多元化。从产品上来说,资产管理产品的种类不断增加,已经从单一的储蓄存款和房地产投资逐步向股票、基金、债券以及结构化产品转移,个性化和定制化的产品需求不断提升,产品形态不断完善。从资产配置上来看,资产的种类在不断丰富,投资区域不断扩大,从单一资产配置向综合性资产配置转移,从区域资产配置向全球资产配置转移,各类资产配置的种类和渠道层出不穷。

四是安全化。随着资产管理规模的不断增加,居民财富管理的理念也在不断发生着改变。投资者已经从只追求高收益向追求收益与风险的平衡转变,从单纯逐利、短期炒作向追求长期投资、价值投资转变,投资者的风险偏好更加趋于稳健和中性。根据贝恩公司和招商银行联合发布的《2019中国私人财富报告》,居民财富管理的重点已经悄然发生改变,由之前的"创富"向"传承"转变。在这一过程中,投资者在关注财富增值的同时,更加关注财富安全。建行发布的《中国私人银行报告(2019)》也显示,当前我国高净值人群中超过一半的人将财富安全的重要性放在了财富增值之前,对财富管理的目标由高收益转变为稳定、安全条件下的综合收益解决方案,这对资产管理机构的管理能力提出了更高的要求。

五是普惠化。长期以来资产管理都是和高端客户联系在一起的,资产管理言必称"高净值客户"不仅是普通投资者的认识,也是很多专业资产管理机构的观点。资产管理与高端联系在一起是由资产管理业务的特点决定的,资产管理要求个性化服务,对资产配置的要求比较高,资产管理机构受人员、技术等方面的限制，将客户限定在高端客户能以较低的投入获得更高的回报。但是随着金融科技水平的不断提升，资产管理可以覆盖更多的长尾人群，让"旧时王谢堂前燕，飞入寻常百姓家"。

第二节 资产管理市场发展动力

我国资产管理市场近年来发展迅速，已经成为全球资产管理市场表现最活跃的部分。经济发展和收入增长、结构转变和观念升级、金融发展和技术进步是驱动资产管理行业发展的三股重要力量。

一、经济发展与收入增长

经济社会发展和国民财富积累为资产管理提供了基础。从经济增长上来看，改革开放至今，我国的GDP由1978年底的3679亿元增长到了2019年底的99.08万亿元，增长了268.35倍；人均GDP由1978年底的385元增长到了2019年底的7.09万元，增长了183.14倍，创造了人类速度增长最快的财富积累。从国民财富增长来看，我国城镇居民人均可支配收入由1978年底的343元增长到了2019年底的4.24万亿元，增长了122.35倍；我国城乡居民储蓄存款由1978年底的210元增长到了2018年底的71.6万元，增长了3408.71倍。同时，根据瑞信研究院（Credit Suisse Research Institute）发布的《2019年全球财富报告》，中国家庭的财富规模也从2000年的3.7万亿美元增长到了2019年的63.8万亿美元，短短九年时间增长了16.24倍，年均增长137.22%，成为全球家庭财富规模增长最快的地区之一。中国家庭自2000年以来用18年时间实现了美国自1910年以来85年的财富增长。经过40年的发展，我国居民财富实现了快速的增长和积累。

经过40多年的发展，中国已经从低收入国家迈入中等收入国家。伴随着居民收入的不断增加，居民财富规模日益庞大，国内出现了大量的高净值型人群。招商银行发布的《私人财富报告》数据显示，我国的高净值数量已经由2006年的18.1万人增长到了2018年的197万人。中国个人持有的可投资资产规模也已经由2006年的25.6万亿增长到了2019年的190万亿，预计到2023年底，国内居民可投资金融资产将突破243 万亿元。中国目前的私人财富管理规模已经处于全球第二，仅次于美国，是亚太地区乃至全球财富管理发展最快、潜力最大的市场。

我国居民的储蓄率高达45%以上，财富管理规模远低于居民可投资资产规模，未来我国资产管理市场仍有巨大的发展空间，将会持续释放可观的增长潜力和巨大的市场价值。居民财富的快速增长为资产管理提供了必要的市场需求，这是经济发展到一定阶段的必然产物，是资产管理市场发展的基础。

二、结构转变和观念升级

经济的发展和人口结构的变动，尤其是老龄化社会的加速到来，为我国资产管理的发展创造了新的机遇，进一步催生了资产管理市场巨大的发展潜力。同时，随着居民收入的不断增加和对外开放的进一步扩大，居民财富管理的意识不断觉醒，财富管理的理念也在不断转变，为资产管理市场的发展提供了广阔的空间。

从经济结构上来看，一方面，在"房住不炒"的原则下，房地产投资的渠道进一步收窄。自住房市场化改革以来，房地产市场在我国国民经济发展方面扮演了重要的角色。但是自2016年政府提出"房住不炒"的定位以来，房地产市场的监管措施不断加码，规范房地产价格波动的长效机制也在逐步建立，房地产的投资属性正在逐步减弱，单纯依靠房地产投资实现财富升值，甚至"一夜暴富"的时代成为过去。从中央近期一系列的监管政策及指引来看，房地产作为中国家庭主要的资产投资、资产保值和资产增值的功能正在减弱。政府政策的调整，特别是房地产市场政策的调整，使得居民投资渠道有所收窄。居民资产管理配置将会迎来重大的转变，金融资产会成为房地产投资的重要承接手段。家庭财富管理的"锚"正在发生改变，将催生更多的财富管理需求，为资产管理市场释放更多的机会。另一方面，近年来，我国已经由高速增长阶段向高质量发展阶段转变，经济发展方式、经济发展结构、经济发展动能都在经历剧烈的变革。随着经济结构的剧烈变动和调整，我国经济发展进入了转型期。转型期内，政策的波动明显加大，由此导致资产收益率的波动增加。在全球经济进入"低增长+高波动"的状态下，个人投资者的投资能力已经不能够适应复杂形势下财富管理的需求，专业化投资机构在资产管理方面将会扮演更加重要的作用。

从人口结构上来看，近年来我国人口老龄化的趋势越来越明显。2000年我国60岁以上的人口占比10.46%，2010年这一比例是12.54%，到了2019年这一比例已经升至18.1%。也就是进入新世纪前10年老龄化人口增加了2.08%，而后9年增加了5.56%，人口老龄化明显提速。加上中国人口基数大，每年新增老龄人口规模巨大，养老金融产品的需求非常旺盛。当前我国养老金融存在结构上的问题，社保作为养老的"第一支柱"，目前在养老资产中占比70%左右，但是社保目前存在一定的缺口。企业年金作为养老的"第二支柱"刚刚推出，目前占比仅30%，并且企业年金门槛较高，与企业经营发展密切相关，并不稳定。作为养老"第三支柱"的个人商业养老保险基本处于空白。目前从金融资产配置的比例来看，我国居民金融资产中仅有2.4%配置了养老资产，远远低于日本的29%和美国的30%。因此，简单测算，未来养老理财市场的规模至少有近50万亿。具有长期限、稳定性和安全性的资产管理产品如养老保险、养老类理财产品等需求旺盛，未来存在着巨大的发展空间。

从财富管理理念上来看，随着居民收入的不断增加和财富的不断增长，居民财富管理的理念也发生了改变。财富管理的需求更加多样化，从单一被动的储蓄向主动财富管理转变，从追涨杀跌、盲目追逐热点向更加成熟、覆盖全生命周期的财富管理转变。一方面财富管理需求的多样化愈加明显。根据邮储银行和普华永道公司共同发起的《财富管理与私人银行咨询服务项目》的调研数据，自2013年至2018年，我国居民的储蓄存款年均增长8.1%，而公募基金、银行理财、券商资管、私募基金等的年复合增长率分别为34.2%、28.3%、39.5%和26.8%，居民配置的资产种类更加多元化，同时不同等级的客户对财富管理的关注重点也呈现出明显的差异化。随着资产规模的不断增加，居民关注的重点从多元化的资产配置服务，向财富保值增值、财富传承和个性化、定制化的财富管理转变，希望通过综合的财富管理服务实现财富保值增值和代际传承。另一方面，财富管理已经进入全生命周期管理的新阶段，财富管理规划已经成为高净值人群关注的方向，传统的财富管理方式和模式已经不能适应客户个性化、多元化的财富管理需求。

三、金融发展与技术进步

金融市场的发展和金融科技的进步，为资产管理的未来提供了更多想象空间。

从金融发展来看，以银行理财为例，自2005年发布《商业银行理财业务管理办法》以来，经过十多年的发展，资产管理的制度和规则不断完善，尤其是资管新规、理财管理办法和子公司管理办法的发布，有力地规范和促进了资产业务的规范发展，为资产管理市场的长远健康发展提供了基础。同时，金融市场经过多年的发展，已经形成直接融资和间接融资体系共同发展的局面，各类型资本市场不断发展，市场规模不断扩大，为资产管理市场的发展建立了良好的生态。最后，我国的资产管理机构也不断发展，种类不断丰富。根据银保监会、证监会等网站披露的数据，截止到2018年底，我国有银行业金融机构4588家，信托公司68家，236家保险机构，133家证券公司和上千家第三方资产管理公司。资产管理机构的不断健全，为资产管理客户提供了更加多样性的产品和服务，一般金融产品、衍生金融产品、互联网金融产品等，能够满足客户多样化、个性化的需求；为资本市场参与资产配置提供了良好的基础，股票投资、债券投资、债转股、证券化等投资品种不断丰富，能够满足资金运用的多元化需求。同时机构之间的不断竞争，也有利于进一步促进和激发资产管理市场的发展。

从金融科技来看，金融科技从两个层面上推动了资产管理市场的发展。一是金融科技的发展提升了资产管理的广度。资产管理之所以开始定位于高端客户，主要是由资产管理的个性化、定制化决定的，限于人力、物力，服务于高端客户能够实现更大的收益。但是金融科技满足了资产管理对人力等方面的需求，能够将服务面拓展到长尾客户，一般客户也能享受资产管理差异化的服务。二是金融科技提升了资产管理的深度。一方面，大数据、人工智能能够更好地满足"千人千面"的客户需求，使精准服务成为可能；另一方面，金融科技提升了资产管理服务的效率，使便捷化资产管理成为现实。未来随着金融科技在资产管理领域的应用，资产管理服务的质量和水平会有更大的提升。

第三节　资产管理行业存在的不足

经过近40年的发展，我国的资产管理市场得到了长足的发展和进步，但是也存在很多的问题和不足。相较于国外发达经济体而言，我国的资产管理市场起步相对较晚，不论是从发展的理念到发展的模式，还是从产品到投资等各方面，都存在着一定的差距。我国的资产管理市场还没有真正适应资产管理发展的脚步，面临的困难和挑战还很多。

一、从居民角度来看

一是居民对资产管理的重视程度有待进一步提高。随着收入的不断增加，居民的财富意识也在逐渐觉醒。最突出的表现就是居民逐渐从单一的被动储蓄转向投资理财等多元化的资产配置领域。随之而来的是各类资产管理机构和资产管理产品规模的发展壮大，以商业银行理财、基金公司、券商资管、保险资管、期货资管等为代表的资产管理机构在服务居民财富管理需求方面发挥着越来越重要的作用。但是当前我国居民财富配置结构有待优化，财富管理的模式还比较单一，财富管理意识和对财富管理的重视程度有待进一步提高。

二是中国家庭资产配置的结构不尽合理。突出表现在两个方面，一方面是在资产配置中房地产资产占比过高，另一方面是在金融资产中以存款储蓄为代表的固定收益类占比过高。在整体资产配置方面，以房地产为主的非金融资产在2017年中至2018年中的中国家庭财富规模增长中贡献了75%的比重，增速8.5%，占比62%，高于53%的全球平均水平。房地产投资占比严重偏高，显示出中国居民家庭资产配置处于亚健康的状态。中国居民偏爱房地产投资，与房地产市场快速发展密不可分。我国自1994年开始住房商品化改造以来，城镇化率快速提升，截止到2019年底已经达到60.6%，较1994年提高了30多个百分点，是全球城市化进程最快的国家之一。城市化的快速发展、货币投放的增加以及土地财政政策共同推高了房地产市场的价格，让房价形成了只涨不跌的格局，房地产投资成为个人投资者的首选。在金融资产配置方面，中国家庭资产配置的结构和品种较为单一，银行存款和银行理财在家庭金融资产配置中的占比高达56%，其他资产，如股票、基金、债券等的配置比例明显偏低①。

三是居民的保险意识较差。2018年全球保险密度（人均保费）和保险深度（保费规模/GDP）平均水平为4800元和5.4%，但是中国这一数据分别是2724元和3.6%，相较于全球平均水平来看，中国家庭的保险覆盖率水平较低。与发达国家相比，我国居民的参保水平更是差距甚远。除此之外，我国居民的养老主要是依靠基本医疗保险，企业年金和个人养老保险的参保水平还较低。养老的三个支柱，只有基本养老保险这第一支柱占比最高。但是第一支柱采取的是现收现付制度，未来养老金的缺口会非常大。造成当前我国居民商业保险配置比例较低的原因，一是保险市场的问题，产品供给的同质化严重，种类单一，完全不能满足投资者需求，中介机构经营不规范，客户理赔困难；二是中国居民家庭保险意识较为滞后，中国居民习惯以高储蓄和社会保险来应对风险事件，保险意识有待提升。

二、从资产管理机构角度来看

从业务模式来看，目前以产品为中心的业务模式亟须转变。客户是资产管理业务的核心。分析和挖掘客户的需求，并提供个性化的金融产品和服务是资产管理机构的基本职能。但是目前资产管理机构的管理模式还是以产品为核心、以销售为中心，研发出来什么产品就想办法卖给客户什么产品。业务的起点和出发点不是客户的需求，而是资产管理机构的惯性。这种模式完全不能适应新形势下资产管理的需要。资产管理机构的产品研发部门、销售部门和产品管理部门要密切配合，转变产品研发的惯性，调整产品研发的流程，通过市场的广泛调研，将销售部门的调研反馈给产品研发和产品管理部门，并设计合适的产品推销给合适的客户，实现精准定位、精准营销和精准管理，全面提升客户体验。

从产品服务来看，金融产品是资产管理目标和服务方案的重要实现手段。

---

① 数据来源：《2018中国城市家庭财富健康报告》

但是目前的产品存在同质化问题比较严重，资产管理机构没有根据客户需要提供相应灵活的产品和服务方案，而是提供标准化并且有限的产品组合。产品种类也不够丰富，缺乏个性化、定制化的产品，无法切合客户多样化的产品需求。现阶段的资产管理产品和服务无论是产品结构、产品形态都没有得到客户充分的认可，与真正意义上的资产管理还存在着一定的差距。

从基础设施上来看，虽然目前大数据、人工智能等技术开始逐步发展，并引入到资产管理行业，但是金融科技与业务的融合并不深，人工智能、大数据等技术目前还处于探索阶段，云架构、云计算、大数据等为核心的金融科技并没有完全建立起来，金融科技赋能资产管理的效果还不明显。目前谈所谓的智能投顾、智能量化、智能分析还为时过早。

从人才储备来看，资产管理行业与普通的金融服务之间还是有明显差别的。资产管理行业个性化和定制化的金融服务需求，多元化的金融产品和服务方案，具有综合化、专业性的特点，所有这些都对资产管理从业人员提出了更高的要求。资产管理从业人员需要具备专业的金融知识、出色的营销能力、过硬的管理能力等综合素质。但是，我国资产管理行业起步较晚，资产管理人员相对比较缺乏。此外，虽然资产管理行业经过了近20年的发展，但是目前来看，传统的经营模式还不能适应新形势的需要，面临着转型和调整的压力，同时资产管理人员的专业能力也亟须提升。

随着资产管理行业的不断发展、金融开放的不断推进，资产管理机构面临的竞争和挑战会越来越大，这些不足会成为制约资产管理机构发展的瓶颈。资产管理机构想要在资产管理行业立足，必须抓紧补齐短板，不断提升能力水平。

三、从行业监管角度来看

从行业监管来看，我国资产管理的监管制度还有待完善。资产管理市场长期以来存在着刚性兑付、期限错配、资金池运作、多层嵌套等问题。资管新规发布后，建立了统一的资产管理规则，对各类资产管理机构开展资产管理业务进行了约束和规范。但是目前整个监管还在查漏补缺阶段，资产管理机构利用通道类业务进行监管套利的空间仍然存在，大部分的资产产品仍然存在期限错配的问题，客户的适当性管理仍有待进一步加强。

第四节　对策建议

面对资产管理发展中存在的不足和挑战，本章提出以下建议。

一、坚持客户为中心的理念

资产管理是千人千面的，每个人的资产和收入状况不同，风险偏好不一，对应的资产管理的诉求也不尽相同。传统经济以制造业为中心，发展的模式是标准化、批量化、规模化的，在这种形式下资产管理的模式也比较单一，产品类型的同质化也非常明显。但是随着产业结构的升级，尤其是服务业的不断发展，差异化、个性化、定制化成为金融服务需求的新特点，成为资产管理行业未来发展的新方向。资产管理机构要洞悉客户需求，加强金融科技与资产管理行业的深度融合，通过资产管理规划、科学的资产配置方案和先进的金融科技手段，为各类客户打造综合化的资产管理解决方案，满足不同人群、不同阶段的资产管理需求。资产管理要实现从以"产品为中心"向以"客户为中心"的转变，实现由"管产品"向"管账户""管客户"的转变。这也是关系到资产管理行业长远发展的核心问题。

二、实现资产配置的多元化

产品类型的差异，本质上体现的是配置资产的差异性。发展差异化、个性化的金融产品，就必须配合多元化的资产配置。多元化的资产配置一方面能够丰富组合的种类，丰富产品类型，另一方面也可以通过多元化的投资分散风险，避免单一资产下跌带来的风险。金融开放和信息技术的发展为实现多元化的资产配置提供了基础，资产管理机构可以依托自身专业的能力，通过科学合理的资产配置方案，有效管理市场风险，实现资产的保值增值。实现资产配置的多元化，一是要在股票、债券、商品、地产等大类资产中跨类别配置；二是要在同一大类中分散投资，降低集中度风险，实现风险和收益的均衡；三是要跨区域实现全球资产配置，避免区域波动性风险，获取不同区域的超额收益，提高全球化资产配置的专业能力。

三、加强投资研究能力建设

个性化的产品、多元化的资产配置，给资产管理机构提出了更高的挑战。产品管理和资产配置是表象，投资研究能力则是基础。未来资产管理市场的竞争，是产品的竞争，是资产配置的竞争，更是投研能力的竞争。只有不断提升投资研究能力，才能为客户提供更加精准、丰富的产品和更加多元、科学的资产配置方案，满足人民群众日益增长的资产管理需求。

资产管理机构要通过搭建投研框架体系、加强投研互动融合、推动机构交流合作等提升投研能力，为提升市场竞争力提供基础。一是提高产品研发创设能力，为客户提供更有针对性的金融产品和服务；二是提高精准营销能力，为客户提供与自身风险偏好相适应，满足其特定需求的金融产品；三是提高资产配置能力，获取稳健高收益的回报，为客户创造持续价值，赢得客户的认可与信赖。

四、加强人才团队建设培养

产品和服务是资产管理机构发展的抓手，背后是经营理念和综合能力的集中反映，而公司的理念、能力最终需要靠人去实现。与一般的金融业不同，资产管理业务的复杂性和专业性对从业人员也提出了更高的要求，在这方面，国内的资产管理机构人才配置还有较大的提升空间。作为资产管理机构，一是要按照市场需求搭建灵活多变的组织架构，并且按照市场的变化及时调整和完善；二是要推动内部培养与外部引智相结合，打造综合素质高、专业能力强的资产管理团队；三是要推动市场化的考核和薪酬管理体制，充分发挥市场机制的激励作用，疏通晋升发展通道，对人才形成持续的吸引力；四是要加强企业文化、企业制度建设，提高团队凝聚力、创造力。未来，资产管理团队既要有专业的资产管理知识，又要有良好的沟通协调能力；既要有挖掘客户需求的能力，又要有解决需求的本领；既要有国际化的发展视野，又要有立足实际的理念。通过打造过硬的人才团队建设，不断提升专业能力和服务质量，在面对资产管理市场日益竞争的挑战中站稳脚跟、赢得先机。

五、提升服务实体经济能力

财富管理和资产管理是同一事物的不同方面，它们都联结着两端，一端是人民日益增长的财富管理需求，另一端是实体经济的多元化投融资需求。财富管理更加强调居民财富保值增值，资产管理更加强调资产的合理配置。因此，财富管理也有很强的资金撬动效应和资源配置作用。资产管理行业不仅仅要做好居民财富管理的"守门人"，更要做好支持实体经济发展的"发动机"。

资产管理行业也要回归本源，一方面，要以市场需求为导向，提供更多形态多样、层次丰富、风险收益相匹配的产品，满足投资者财富保值增值的需求，帮助投资者分享经济增长的红利，发挥价值创造的功能；另一方面，也要坚持以服务实体经济为目标，摒弃规避监管和增加交易成本的金融创新，推动资产管理资金更多地流向实体经济，尤其是经济社会发展的重点领域和薄弱环节，让资产管理资金成为多层次资本市场的资金供给者和优化资源配置的重要载体。这样不仅有助于支持经济长远发展，为财富保值增值创造持久动力，同时也避免了资金空转、多层嵌套等带来的金融风险，促进资产管理行业的长期稳定健康发展，推动形成多层次资本市场与资产管理行业共同发展、共同进步、共同繁荣的新局面。

除此之外，资产管理机构还要通过科技赋能，构建稳健而智能的风险管控体系，打造高效快捷的资产配置能力。同时，联合多方共建资产管理生态圈，提升行业整体竞争实力，促进行业向更高水平发展。

第五节　本章小结

满足人民群众日益增长的财富管理需求，是新时代中国投资机构面临的挑战。2019年8月31日，国务院金融稳定委员会明确提出要"为满足人民群众财富保值增值等多元诉求营造良好的市场生态"，为资产管理市场的发展指明了方向。

改革开放以来，制度变革和人口红利带动中国经济实现了快速增长，也帮助中国家庭实现了财富的快速积累。伴随着居民财富意识的不断觉醒、金融开放的不断深入、市场化改革的不断推进，未来资产管理行业面临的竞争会更加激烈。多元化的理财产品、丰富的投资渠道、安全稳健的回报是资产管理机构赢得市场竞争的核心和关键。

资产管理机构要坚持以管理创新、模式创新、技术创新、理念创新为基础，将资产管理行业与居民财富增长、产业转型升级、经济高总质量发展等有机结合，以资产管理为纽带，为客户创造更多财富保值增值的机遇，为实体经济提供更充足、更便捷的金融资源，更好地满足客户需求，满足实体经济发展需要。

第二章　资产管理行业发展的趋势

国际资产管理行业已经有超过100年的历史，呈现区域分化不断加剧、集中程度不断上升，资源禀赋特征明显、产品类型不断丰富，金融监管力度加大、合规发展成为主流，技术含量不断增加、科技赋能成为趋势等特点。国内资产管理机构虽然起步晚，但是发展潜力巨大，目前正处于行业管理模式转变、行业监管不断加强、金融科技价值凸显等的发展中。在回顾资产管理行业发展的历程基础上，本章提出资产管理机构、监督管理机构要提升服务管理能力、转变经营发展模式、提升行业监管水平、提高金融科技能力等，以适应资产管理行业发展的趋势。

第一节　引言

经过近40年的发展，我国的资产管理行业得到了快速发展，但是行业发展的问题和风险也在逐步累积，行业变革转型势在必行。自2016年中央提出三大攻坚战开始，行业主管部门对我国资产管理行业的监管就不断加强。从时间脉络上来看，2016年至2017年主要进行的是风险排查和风险清理。2016年以来，监管机构出台了一系列规范文件，例如《进一步深化整治银行业市场乱象的通知》《中国银监会关于规范银信类业务的通知》等。2018年开始进入行业改革阶段。在这一年监管机构连发三道金牌：《关于规范金融机构资产管理业务的指导意见》（以下称"资管新规"）、《商业银行理财业务监督管理办法》（以下称"理财新规"）、《商业银行理财子公司管理办法》（以下称"理财子公司管理办法"）。这一系列政策文件的推出，使得资产管理行业的变革由此拉开序幕，资产管理行业迎来了重大的转变。一系列监管政策的出台，主要是聚焦于以下问题：统一行业标准，消除监管套利；抑制通道委外业务，消除多层嵌套；有序打破刚兑，回归代客理财本源；加强非标管理，防范影子银行风险；规范信息披露行为，实现穿透式监管；控制杠杆水平，加强流动性管理。归纳起来，一系列监管政策的目的就是回归服务经济本源、防范化解重大风险。

经过规范和整顿，中国资产管理行业又重新起步。相较于国际资产管理行业超过百年的发展历程而言，我国资产管理行业发展不过20余年。"它山之石，可以攻玉"，放眼全球，资产管理行业发展的现状如何，呈现哪些发展的趋势，这些趋势对中国资产管理行业都具有重要的借鉴意义。本章接下来的部分主要是梳理了国际资产管理机构发展的现状和趋势，分析了国内资产管理机构发展的现状，并结合国内外的经验，对我国资产管理行业的发展提出了相应的政策建议。在资产管理行业快速发展的背景下，本章的研究具有重要的现实意义。

第二节　国际资产管理行业发展趋势

国际资产管理行业发端于欧洲，按照服务对象的不同，最早的资产管理业务分为两种主要的形式，一种是资产管理机构对单一个人提供的资产管理服务，类似于现在的"私人银行"；一种是资产管理机构对政府机构提供的服务，类似于现在的"主权基金"业务。管理的方式也和当前有很大的不同。具体而言，主要是资产委托人通过签订契约，推举管理人代表来管理资产，并没有专业的投资机构从事资产管理业务。经济增长带来了私人财富的增长，催生了财富管理的需求，金融市场的发展为资产管理行业提供了丰富的管理工具，有效迎合了这种日益增长的需求。直至1873年，随着"苏格兰美国投资信托"的正式开办，专业投资管理机构的诞生，现代资产管理行业的雏形才初现。苏格兰人罗伯特·富莱明也成为现代资产管理行业最早的资产管理人。经过百余年的发展，全球资产管理行业无论是在规模还是在范围上，已经达到了相当的高度和广度。世界经济的发展和私人财富的快速增值，推动全球资产管理行业继续高歌猛进。据波士顿咨询数据，2019年全球资产管理规模达到95.3万亿美元，较2008年金融危机时期的38.5万亿美元增长了一倍多。在快速发展的背景下，全球资产管理业务的发展呈现以下特点和趋势。

一、区域分化不断加剧，集中程度不断提升

2018年全球前20位资产管理机构的管理规模近38.6万亿元，占全球市场份额超过42%[①]，虽然相较于2017年有所下降，但是全球资产管理业务整体呈现头部机构占比不断上升的趋势。全球前50位的资产管理机构的规模超过全球市场份额的80%，国际市场的寡头化趋势相对明显。

分地区来看，全球资产管理行业发展的区域分化较为明显。从存量规模上来看，传统的发达经济体在资产管理行业的份额上仍占有较大比重。以北美地区为例，其在全球资产管理市场的占比高达48%，是全球最大的资产管理市场，美国在其中的占比尤为突出。除此之外，欧洲和日本资产管理市场占比也相对较高，亚洲地区目前在资产管理市场的占比相对较低，但是增长迅速。从增量表现来看，北美地区资产管理市场增速缓慢。欧洲市场资产管理行业规模增速保持在3%～5%左右的水平，增速不高，并且内部出现一定的分化。英国受脱欧事件影响，资产管理市场呈现资金净流出的状态，西班牙和意大利等国正处于资管产品替代存款的进程中，增速相对较高，资金流入较快。但是整体来看，欧洲权益市场的疲软表现还是拖累了欧洲整体资产管理市场的增长。日本和澳大利亚等增速也相对较低，主要是受权益回报率较低等因素影响，降低了对于资金的吸引力。相比较而言，亚洲市场一枝独秀，成为全球资产管理市场表现最为亮眼的地区。2007—2015年，资产管理市场规模年化增速12%，2016年更是达到了16%的同比高增长[②]，其中中国贡献了绝大部分的增长，成为全球资产管理业务增长最快的地区之一。

---

① 数据来源：安永《2019年全球资产管理行业报告》
② 数据来源：安永《2019年全球资产管理行业报告》

二、资源禀赋特征明显，产品类型不断丰富

随着资产管理行业的不断发展，国际资产管理机构资源禀赋特征不断增强。按照优势不同，国际资产管理机构可以分为以下四种类型：第一类是资产端优势明显，产品种类丰富的机构，以贝莱德为代表，这类机构可以在配置端和产品端同时发力，为客户提供全方位的投资服务；第二类是资金端优势明显，销售渠道有优势的机构，如摩根大通、高盛、瑞银等银行系资产管理机构，可以利用母行的客户资源和分销渠道优势发展资产管理业务；第三类是贯穿资金端和资产端，具有完整的"咨询–配置–投资–管理"业务线的机构，代表机构如嘉信理财等传统经纪机构；第四类是深耕某领域出类拔萃的机构，代表机构包括对冲基金中的桥水、并购重组领域的KKR等，在专长领域表现优异。作为银行系的资产管理公司，除积极与母行协同外，也打造了面向机构客户的直销团队。如摩根大通资产管理公司管理的资产规模中，机构客户委托占50%，私人银行和财富客户各占25%。贝莱德公司的机构客户委托占60%以上。因此，从行业发展的趋势来看，部分资产管理机构不断提升总体资产管理服务能力，向全产业链不断发展。

随着行业规模的扩大，资产管理行业的产品类型也在不断丰富，产品管理的模式和投资范围也出现了一定的变化。一是以ETF类产品为代表的被动投资类产品规模稳步提升，投资领域已经拓展到股票、债券、另类投资品种等不同资产类别中。同时，被动型产品的增长趋势在以美国为代表的资产管理业务较为发达的市场更为明显。二是以房地产、基础设施和大宗商品基金，对冲、私募股权和货币市场共同基金等为代表的另类投资品种增速也较为明显。很多另类投资品种在资产管理市场上属于新兴、前沿的品种，与股票、债券等传统的主流投资品种不同。另类投资品种具有存续规模小、标准化程度低、管理难度大、利润贡献高的特点。以2017年为例，另类投资产品的资产管理总额约12万亿美元，占全球资产管理市场规模总额的15%，但其对全球资产管理业务总收入的贡献却高达42%[①]。被动和另类投资品种成为资产管理行业新增资金的主要

---

① 数据来源：BCG统计数据和广发证券《证券资产管理行业报告：国际经验与国内展望》

方向，进一步拓展和延伸了资产管理行业投资的领域和范围，有助于丰富资产管理产品的种类。

三、金融监管力度增强，合规发展成为主流

2008年的金融危机暴露了国际资产管理行业的内在脆弱性和行业监管的不足，金融市场的风险通过复杂的产品结构和链条传导到了不同的机构和产品中，对金融系统乃至实体经济都产生了严重的负面影响。

国外金融监管主要是从以下几个方面展开：一是加强对金融产品创新的监管，尤其是对信用衍生类产品等的监管，创新金融产品通过复杂的交易结构设计，层层嵌套，导致风险链条不断拉长，风险传染的可能性和危害性不断增加；二是加强对资产管理机构的监管，突出功能监管和机构监管的相结合，对资产管理机构的合规性提高监管标准，促进行业运行的规范化；三是加强投资者适当性管理，尤其突出资产管理机构的"代客理财"的信托业务本质，需要充分向客户揭示产品风险，并根据投资者的风险偏好提供不同类型的资管产品，实现投资者风险偏好和产品特征之间的匹配。

四、技术含量不断增加，科技赋能成为趋势

近年来随着科技水平的不断发展和进步，金融与技术的融合不断深入，尤其是区块链、大数据、互联网等为代表的新兴技术的不断涌现，大大提升了技术在金融领域的应用，金融科技已经成为当前金融领域最重要的趋势之一。金融科技是金融与科技的相互融合，是技术手段在金融领域的拓展。金融科技的发展在推动业务创新方面发挥了以下作用：一是降低了成本，科技手段对传统人工的替代，大大降低了资产管理机构的运行成本；二是提升了效率，金融科技可以减少重复性的工作，大大提升了资产管理机构的运行效率；三是提高了能力，金融科技的运用，大大突破了人工管理和运作的限制，以大数据为例，海量的数据处理可以实现对客户风险的完整刻度，进一步提高了风险识别能力，有助于扩大资产管理覆盖的范围；四是促进了变革，金融科技的运用会使金融领域产生量变到质变的跨越，在效率、能力提升的同时，金融创新会随之

而来，这种创新不仅包括产品创新、模式创新，还有促进机构的创新，从而催生出更多的行业发展机遇。

国际资产管理机构越来越重视发展金融科技，以金融科技赋能金融产品创新、业务创新和流程创新。资产管理机构越来越重视金融科技主要是出于两方面的考虑：一是资产管理机构需要通过金融科技应用寻求发展能力突破。以公募基金为例，销售渠道一直是公募基金的短板，而大范围地铺销售的渠道不但成本高，而且管理难度大，对于公募基金而言是非常不现实的，但是金融科技可以实现线下渠道的线上化，能够有效地弥补销售渠道的短板，提升销售能力和水平。二是资产管理机构可以通过金融科技提升服务客户的水平，提升客户满意度。资产管理业务发展至今，个性化、多样化是发展的趋势之一，但是受制于产品管理的难度，个性化的服务往往难以真正实现，金融科技可以通过大数据、云计算等方式设计出更具个性化的产品，提升客户体验，及时响应客户需求，有利于拓展更多的客户资源。

第三节　国内资产管理行业发展趋势

经过20余年的发展，我国资产管理行业也经历了快速发展的阶段，并且呈现出以下的发展趋势。

一、发展潜力仍然巨大

和国际资产管理行业发展的动力一样，国内资产管理行业快速发展的原因有经济增长带来的个人财富增加，还有资产配置结构、企业融资方式的变化等。

第一，居民财富不断增加，可投金融资产不断增长。近年来，国际资产管理行业规模的不断增长很大程度上得益于资产价格的上涨，真正进入的增量资金很少。与国际资产管理行业的发展明显不同，国内资产管理行业正处于蓬勃发展的时期，蕴含着巨大的潜力。根据招商银行和贝恩公司2021年联合发布的《中国私人财富报告》，截止到2020年底，中国可投资资产规模超过1000万的高净值客户达到了262万，这一数据到2021年底可能突破300万，可投资资产规模将突破90万亿。而2018年中国高净值客户仅198万，可投资资产规模61万亿。不论是高净值人群的数量还是投资资产的规模，在短短3年内就增长了50%。这还只是高净值人群的情况。从总体数据来看，根据美国波士顿咨询公司的预测，2023年中国居民个人可投资金融资产规模将会达到243万亿元，对比2019年建设银行和波士顿咨询公司联合发布的《中国私人银行2019》报告中披露的数据，截止到2018年底中国居民个人可投资金融资产总额147万亿来看，5年预计增长65%。2020年底，中国居民的个人可投资金融资产就已经突破200万亿元，达到了205万亿元。两年时间就增长了39.5%，可以预见的是在2023年将会很容易超过波士顿咨询公司的预测规模。一系列数据表明，不论是中国居民总体的可投资金融资产规模，还是高净值客户的可投资资产规模，都在高速增长，给资产管理市场带来的必然是源源不断的增量资金。我国资产管理行业拥有着广阔的发展空间。

第二，居民资产配置结构会出现重大调整。跟国外相比，我国居民的资产配置中，房地产占比过高。以中美对比为例，2018年，美国的居民资产中房地产占比只有24.3%，金融投资资产高达65.3%[1]；而2018年中国居民资产中房地产高达53.4%，金融投资资产占比为18.4%[2]。随着房地产调控政策加剧，"房住不炒"的定位会导致房地产的投资属性降低，金融投资占比会出现调整，资产配置结构会有明显变化，资产管理市场将会迎来结构调整带来的发展机遇。

第三，企业融资方式出现重大变化。改革开放30年以来，我国产业以低端制造业为主，拉动经济快速增长主要依赖外需的快速增长和城镇化的不断推进，这就引发了外贸、房地产、基建等行业的快速增长。这些行业的特点是风险相对较低、现金流稳定，可预测性强、普遍拥有较好的抵押物。尤其是房地产业务，非常适用低风险偏好的以银行信贷为主为代表的间接融资。但是近年来，由于受到贸易保护主义等的影响，外需走弱，加之城市化进程减速，以外贸、房地产、基建等为代表的传统经济增长模式面临转型压力。随着以新基

---

① 数据来源：wind 统计数据。

② 数据来源：人民银行《2019 年中国城镇居民家庭资产负债情况调查》

建为代表的新兴产业的蓬勃发展，传统经济增长模式的空间越来越小。与传统产业不同，新产业增长潜力巨大，但是由于处在产业初期，现金流不稳定，缺乏有效抵押物，风险水平较高。以抵押信贷为代表的传统信贷无法提供有效的资金支持，迫切需要以直接融资为代表的融资方式给予补充和替代。资产管理业务作为直接融资的一种典型代表，直接受益于融资模式的转变。除此之外，资产管理业务可以根据客户风险偏好，将募集的资金投向风险不同的项目上，可以提供差异化的融资服务。以银行理财为例，理财资金来源于客户资金而非传统的信贷资金，可以根据客户的风险偏好，进行差异化的投资。这种差异化不仅体现在投资方式上（如债权、股权、另类、商品等），也体现在投资标的的差异上。资产管理业务一方面能够满足不同投资者的风险收益要求，另一方面也能满足不同经营风险企业的投融资需求，在完善新经济投融资体系方面具有天然的优势。

二、管理模式逐渐转变

资产管理连接两端，一端是资产，一端是资金。资产管理机构通过资产配置实现资产增值，一方面满足企业融资需求，另一方面实现居民财富保值增值。按照国际资产管理行业发展的实践来看，随着规模的增长和监管模式的变化，我国资产管理行业也将出现明显的变化和调整，尤其是在资产端和资金端的管理与配置方面表现得会更加突出。

从资产端来看，全球资产管理行业向被动型及另类投资品种投资增加的趋势非常明显，这反映出资产管理机构一方面期望通过被动资产的投资获取更加稳健的收益，另一方面也期望通过不断拓展投资范围、分散资产配置获取更多的超额收益。国内资产管理机构近年来也呈现出这种趋势，尤其是近两年来，指数类产品的增速非常明显，成为资产管理机构青睐的重要投资标的。资产管理不仅仅局限于自有资产，还包括全市场的资产，为投资顾问与终端客户提供解决方法，实现由资产管理规模（assets under management，AUM）向资产服务规模（assets under administration，AUA）竞争的转变。大量被动投资需求的涌现，促使机构间的合作会越来越重要。资产管理机构也将实现由原来的管理资产向服务资产、配置资产的转变。

从资金端来看，产品管理的模式也将发生深刻的转变。从国际资产管理行业发展的历程来看，主要经历了从商业银行阶段到资产管理阶段，再到私人银行的阶段。受益于经济快速增长、居民储蓄水平较高，以及人口老龄化带来的养老产品需求提升等，我国资产管理行业出现了较快的增长。但是，从国际资产管理行业发展的历程来看，我国资产管理行业目前还处于由商业银行向资产管理机构过渡的初级阶段。过去十年里，我国资产管理机构大多都聚焦在发行和销售产品上面，盲目地追求产品规模，而逐渐偏离了代客理财的资产管理本源。资产管理的对象是理财客户，而不是理财产品，过分追求产品规模而忽视客户是无法适应未来资产管理发展趋势的。除此之外，由于资产管理机构类型多样，相互之间缺乏信息共享，导致了我国的资产管理存在明显的账户体系分散的问题，基金、信托、保险资管、银行理财等相互分离、相互隔绝，缺少统一的视角审视客户的财富管理需求。这一方面是因为资产管理市场的供需结构存在问题，居民财富管理的需求没有得到有效满足，所以资产管理机构才会忽视客户的真实个性化的需求。另一方面也是受技术等的限制，无法实现客户资源的有效整合，无法充分挖掘不同客户的差异性需求。但是随着利率市场化的不断推进、资产管理市场以及互联网技术的发展，资产管理行业正在经历着深层次的蜕变。未来资产管理将会经历由管理产品向管理账户、管理客户的转变。管理和经营客户是未来资产管理机构开展业务的重点和核心。资产管理机构需要根据客户需求设计研发不同的产品，提供一站式、个性化的金融解决方案，提供持续、全面的金融服务。

三、行业监管不断增强

经过多年发展，我国资产管理业务在实现居民财产性收入保值增值、服务实体经济发展和促进金融业市场化改革方面发挥了重要的作用。由于我国的资产管理业务脱胎于存款业务，因此，从业务诞生之初就带有刚性兑付的问题，并且至今仍然小范围存在。为了实现理财产品收益的刚性兑付，以银行为代表的资产管理机构采用了相互倒仓的资金池运作模式。为了给客户兑付较高的收益，以获取更大的市场份额，很多资产管理机构利用层层嵌套的模式，从事非标投资、资产出表等业务，出现了一定程度的影子银行业务。并且通过通道业务等实现了资管业务的跨行业关联，金融产品交叉的乱象频发。资管产品的刚性兑付和资金池运作本身就造成了风险不清、收益不明，而通道和嵌套业务将风险链条进一步拉长，在现有的机构监管模式下，进一步放大了监管真空的漏洞。这些问题总结起来，可以用四个不协调或不匹配概括：一是迅速增长的规模与发展运作的模式不协调；二是资产管理行业在支持实体经济发展、服务大众的功能作用，与其在国民经济中的地位不匹配；三是行业发展的同质化问题与客户多样化的投资需求不匹配；四是行业创新与行业监管不协调。这些行业发展中隐藏的矛盾随着行业的快速发展凸显出来，一方面业务风险在资产管理机构内部快速累积，另一方面也使得资产管理业务偏离了代客理财的本源，对资管行业乃至金融行业的稳定发展都造成了重大的潜在风险。

2016年以来，监管开始对这些行业发展中遇到的深层次矛盾和问题逐步进行整改。2017国务院金融稳定发展委员会正式设立，并在同年发布了资管新规征求意见稿，2018年相继发布了资管新规、理财新规和理财子公司管理办法等，主管机构对行业的监管力度不断加强。行业监管的不断加强一方面有助于规范机构的发展模式，对机构的合规发展提出更高的要求；另一方面也会对行业发展的现有格局产生冲击和影响，这对于所有的资产管理机构而言既是一次挑战，也是一次重要的发展机遇。

四、金融科技价值凸显

随着科技的发展尤其是互联网技术的进步，金融与科技的融合不断深化。这种融合在提升金融机构管理能力的同时，也深刻地影响了整个行业的生态布局。金融科技平台的创新，已经成为产品创新、模式创新和机构创新之外，一种重要的创新模式，成为金融创新发展的新趋势。

资产管理行业作为金融行业的重要组成部分，在金融科技运营方面表现也非常突出。金融科技在以下方面提升了资产管理的能力和水平：一是提升了资产管理服务的效率，资产管理机构通过金融科技优化了运营效率，拓展了销售渠道，降低了运营成本，整体上提升了资产管理的效率。二是提升了资产管理机构服务的深度，数字化时代下，银行业正行进在通过转型升级以适应客户需求的高速路上，打造"无所不在的金融服务"成为未来资产管理机构的重要版图。金融科技通过赋能资产管理，实现了对客户需求的充分挖掘和刻画，提升了资产管理服务的深度。三是拓展了资产管理服务的范围，资产管理业务开展之初就是定位于高净值客户，重要原因在于资产管理业务不同于一般的银行存贷款业务，资产管理业务的客户风险偏好相对较高，需要的金融服务更加多样，这需要资产管理机构具有更加专业的风险识别能力，能够提供更加多元化、个性化的服务。而金融科技的发展和进步，为资产管理机构提供了数据获取、数据处理、流程优化等方面的支撑，与资产管理机构实现了优势互补，可以让资产管理业务突破原有的限制，覆盖到更多的长尾客户，提高了资产管理服务的可获得性。以科技赋能的零售金融是未来资产管理机构转型发展的重要方向之一。

第四节　对策建议

资产管理行业未来发展的潜力巨大，并且呈现出管理模式变革、金融监管加强和金融科技不断提升的趋势。针对资产管理行业面对的新趋势，为了更好地促进资产管理业务的发展，建议采取以下措施。

一、提升服务管理能力

从资产管理行业发展的趋势来看，我国资产管理机构是全球资产管理行业发展最快的地区，并且发展潜力巨大。资产管理机构要坚持"代客理财"和"服务实体经济"的基本定位，发挥自身优势，尤其是商业银行资产管理机构客户资源丰富、现金流稳定、风控管理经验丰富等的优势，不断提升自身能力，通过丰富的理财产品和多样化的投资方式为投资者和实体经济提供优质的金融服务。

提升资产配置能力。按照投资标的不同，资产管理机构将管理的产品分为固收、权益、商品以及混合类等不同类型。不同类型的产品，投资的资产类型有明显的差异。并且由于资产属性的差异，不同资产的风险等级有所不同。客户会根据产品的风险等级，及个人的风险偏好选择相应的产品。资产管理机构提升资产配置能力，可以在维持产品风险等级不变的情况下，通过不同类型资产的组合配置，在分散投资、分散风险的基础上，获取超越单一资产配置的超额收益，因此具有重要的意义。不同类型的资产管理机构，投资的擅长领域有所不同，以银行类资管机构为例，传统的优势投资领域是固收，而其他类型资产的配置相对较弱。提升资产配置能力，一要树立大类资产配置的理念，资产管理要从资产管理转变为资产组合，通过协调不同资产的配比等，获取组合收益；二要通过外部招聘、内部培养或者借助外部顾问等方式，提升资产配置团队的专业性；三要加大对大类资产的跟踪和研究力度，建立大类资产配置的框架体系；四要加强机构之间的沟通交流与合作，取长补短，相互促进。

提升产品管理能力。产品管理是一个体系，包括了产品设计、产品销售、产品运作等不同的环节。资产管理机构，一要找准自身定位、深入挖掘客户需求，建立与自身发展能力和客户需求相匹配的产品体系，满足不同客户的需要；二要加强适当性管理，通过对客户风险画像的精准刻画实现对客户风险偏好的准确识别，在此基础上，按照客户不同的风险偏好进行风险分层，并对应不同风险等级的产品，实现客户风险偏好和产品的对应；三要提升产品运作效率，提升客户金融服务体验，通过金融科技、在线技术等的应用，不断提升产品运作的效率，同时以资产管理产品为基础，提供专业咨询、信息分享等增值的金融服务，提升客户体验。

二、转变经营发展模式

随着资产管理行业发展模式的转变，资产管理机构也要积极适应这种转变。

从资产端来看，要实现由管理资产模式向服务资产模式的转变，一是坚持服务实体经济，在把握风险的前提下，加大对国家重点支持行业、产业的支持力度，加大对于中小微企业的支持，为实体经济发展提供必要的资金支持；二是服务金融供给侧改革，积极参与资本市场债权类、股权类等直接融资项目的投资，实现资产管理机构差异化发展，为实体经济提供差异化的金融服务，优化产品结构，研发资产证券化、权益类、混合类等创新品种；三是提升资产配置能力和水平，在债权类资产的基础上，积极拓展权益类、商品类、另类投资等，丰富投资品种，获取不同市场的投资收益；四是重视被动投资，加大对指数类、被动类资产的投资，加强与不同机构之间的交流与合作，通过合作实现共赢。

从产品端来看，要从产品管理向账户管理和客户管理转变。一是坚持以"客户为中心"，要将原来的以产品为中心逐渐向以客户为中心转移，要充分挖掘客户需求，围绕客户需求设计定制化的产品，提供定制化的服务。二是坚持"代客理财"，这里的"代"是接受客户委托，代表客户进行资产管理，而不是越俎代庖完全代替客户，要以产品净值化转型为基础，让产品收益表现充分反映资产的波动情况，实现资产风险收益和产品风险收益的相对对等，真正实现"买者自负，卖者尽责"。三是提升账户管理能力和管理效率，解决这个问题，一方面需要配备专业人才，加强团队建设；另一方面是优化系统能力，提供多账户管理支撑。

除此之外，资产管理机构还需要把握过渡期延长的机遇，推进业务重塑。资产管理机构还要充分发挥自身优势，利用过渡期循序渐进实现转型。一方面要化解存量资产的问题和风险，对于长久期资产，尤其是非标类资产，采取证券化、回表等方式进行处置；对于风险券的处置采取分层管理、逐步消化的方式处置。另外一方面要积极谋求转型，尤其是在过渡期内，要以低波动产品为抓手，通过拉长产品发现期限等方式，提升客户的接受度。

三、提升行业监管水平

国内外资产管理行业的监管都在加强，资产管理机构也要适应这种趋势。金融创新和金融监管是对立统一的关系，金融监管在促进稳定健康发展中具有重要的作用。资产管理行业是金融行业中与资本市场关系最为密切的领域，也是近年来金融创新主要的领域。行业主管机构要不断提升行业监管水平，促进行业的稳定发展。

第一，要统一监管体系。从海外成熟市场的监管经验看，资产管理行业的监管体系往往比较复杂，涉及的法案和规定较多，但通常存在统一且相对独立的法规体系（例如美国基于《1933年证券法》《1940年投资公司法》《1940年投资顾问法》建立的一整套监管体系）。并且监管职能相对集中在某个监管机构，这降低了由于监管部门间不协调而导致的监管套利的可能。中国资产管理行业在法律监管上存在两个问题，一是多头监管，条块分割比较严重；二是缺少统一的资产管理监管法律。未来需要加强行业的统一监管，完善相关的法律法规体系建设。

第二，要把握监管节奏。金融监管要把握好节奏，保持原则性与灵活性的相统一，要在金融监管中保持监管节奏，不能因为金融监管导致金融风险的爆发，不能因为处置风险引发新的风险。资产管理行业是资本市场的主要资金供给方，如果资产管理业务规模短期内下降，则会对金融市场产生一定的冲击。从短期来看，虽然投资者新增资金可能形成银行存款，银行表内资金可以进行债券投资，但由于代客投资风险偏好与自营投资偏好存在差异，还有资本约束的因素，无法实现完全替代。按照资管新规的指导意见，产品转型设置了2年左右的过渡期，原计划资管新规过渡期截止日为2020年年底。但是考虑到疫情冲击的影响和各资产管理机构转型的实际情况，监管及时调整了过渡期延长的期限，充分体现了政策的灵活性。在资产管理行业的监管中，要坚持原则与灵活相结合，把握监管节奏。

第三，要提升监管效率。资产管理行业监管要实现全覆盖、常态化，这对监管机构提出了更高的要求。金融监管也要与时俱进，不断适应行业发展的新形势。同时通过金融科技赋能金融监管，提升监管效率和水平。

四、提高金融科技能力

金融科技在资产管理行业中的作用愈发重要，资产管理机构要重视金融科技的运用。资产管理机构要运用互联网思维，加快金融科技战略部署，围绕用户、数据、流量、场景、平台、生态等要素，深化大数据、区块链、云计算、人工智能等技术的应用，推动金融科技应用不断深入，将金融科技贯穿资产管理业务的全流程。在产品销售方面，要利用已有的销售渠道，通过手机银行、个人网上银行、自助银行等系统的云平台建设，提升线上销售渠道的便捷性；在客户服务方面，运用大数据和云计算，加强对客户画像的刻画，挖掘客户需求，同时建立智能客户服务业务，提升客户体验；在业务运营方面，实现业务运营的线上化，通过优化系统功能，减少常规化、重复性的操作，提升业务效率；在债券投资方面，运用系统加强资产配置的科学性，实现量化投资与智能投资，并通过系统加强风险控制，做好风险检测和风险提示。在业务管理方面，要通过系统实现对操作风险、合规风险等管理指标的日常监测，通过系统实现产品估值核算、信息披露等日常操作的管理，通过系统实现市场风险、信用风险和流动性风险的管理，实现高效、科学、有效的管理模式和体系。

为了更好地促进金融科技水平的提升，一是建立协同高效的业务模式，完善金融科技部门与投资部门、产品管理部门、运营部门、市场营销部门的协同机制，加强金融科技与业务的高效协同和深入融合；二是加强金融科技的资金投入，为金融科技项目的建设和完善提供资金支持，推动互联网、云计算、大数据、人工智能、区块链等新技术在资产管理业务中的开发和应用；三是加强科技人才队伍建设，培养科技人才，提升自主研发能力。

第五节　本章小结

随着利率市场和金融市场的不断完善，欧、美、日等发达国家资产管理行业得到了快速发展，资产管理业务的规模已经接近GDP总量的2倍。相比较而言，目前我国资产管理行业的规模占GDP的比重仅有80%左右。从中外对比来看，我国资产管理业务发展的深度还不够，未来还具有较大的发展空间。近年来我国资产管理市场的发展就充分证实了这一点。波士顿咨询数据显示，亚洲地区（除日本）是全球资产管理行业的亮点，2007—2015年年化增速12%，2016年更是达到了16%的同比高增长，其中中国贡献了绝大部分的增量资金。

在资产管理行业高歌猛进的背景下，行业的变革和调整也在稳步推进。未来，在统一监管框架的基础上，经过清理整顿和逐步规范，资产管理行业将重新回归业务本源。届时，资产管理能力和产品创新能力将成为竞争胜负的撒手锏，谁能提前变革，谁就能在下一次快速发展中获得更多的先机。资产管理机构要适应行业发展的趋势，抓住行业发展的重大机遇，不断提升服务管理能力、转变经营发展模式、提升行业监管水平、提升金融科技能力，更好地服务投资者财富保值增值需求，服务实体经济发展需要。

第三章　资产管理变革：财富配置转向

2016年中央经济工作会议有很多亮点，如"三去一降一补"、新常态框架、稳中求进、去泡沫等。中央关于房地产的定调——"房子是用来住的，不是用来炒的"，着重阐明了以下观点：一是带有刚性需求的居住性住房仍然是鼓励和提倡发展的，二是带有投机性质的住房将来会受到一定的限制。自党的十八大以来，房地产市场的调控基本坚持这一定位。2018年7月底召开的中央政治局会议上明确提出"坚决遏制房价上涨"，基本坚持和贯彻了2016年中央经济工作会议关于房地产市场调控的总基调。2018年的中央经济工作会议提出要构建房地产发展和调控的长效机制，坚持房住不炒的定位，同时也提出要因城施策，分类指导。2018年全国住房和城乡建设工作会议也提出，2019年的工作将以稳地价、稳房价、稳预期为主要目标，保持房地产市场健康平稳发展。

房价问题一直是政府和社会关注的焦点。面对不断上涨的房地产价格，中央政府三令五申，不断出台调控政策。2010年国务院发布通知要求坚决遏制部分城市房价过快上涨，表明了监管当局对房价过快上涨的担忧。时至今日房地产调控的基调已经从"坚决遏制房价过快上涨"转变为"坚决遏制房价上涨"。虽然政策基调仅有两字之差，但是传达出的信号明显不同。至少表明两点意图：一是监管当局对房地产价格的上涨容忍度不断降低，二是房价上涨的基础和逻辑将会发生调整和动摇。

房地产政策趋紧，带来的直接效应就是居民投资结构的调整，在居民财富配置中占比较大的房产投资向金融资产转化的趋势越来越明显。

第一节　居民资产配置发展趋势

改革开放以来，随着居民收入的大幅度提升，投资理财需求应运而生。可投资品种也逐渐丰富。我国1981年发行国债，1990年出现股票，1997年出现咨金交易，2005年后出现银行理财和信托产品、房地产投资等。这些投资品种的出现为居民扩大投资范围提供了可能。

按照居民投资结构变化的情况，我们可以将居民投资分为几个阶段：1987年—2001年，我国处于由计划经济向市场经济加速转型的阶段，这一阶段居民的投资意识刚刚建立，投资方式主要以存款储蓄为主。以2001年为例，中国居民个人在现金、银行存款和存款以外的金融上配置的比例分别为12%、71%和15%，存款占有绝对高的比重。2002年后我国居民的投资结构趋向多元化。从投资意愿上来看，2007年，北京奥兰多中心曾经对全国15个大中城市进行了调查统计，结果发现居民在储蓄存款、现金、房地产、股票、基金、债券、外汇、个人理财、期货等投资品上的参与率分别为71.83%、63.6%、41.88%、28.91%、18.75%、5.19%、2.59%、1.85%、1.48%，其中储蓄存款、现金、房地产、股票是居民参与意愿最高的几种产品。另外，2013年中国人民银行的统计调查数据显示，46.2%的个人居民仍然将银行储蓄作为最主要的投资工具，36.3%的居民倾向于选择其他投资方式。其中主要为基金及理财产品投资、房地产投资和债券投资，基金理财、房地产和债券已经成为最重要的投资渠道。从投资金额占比上来看，2014年，我国居民投资结构如下图所示：

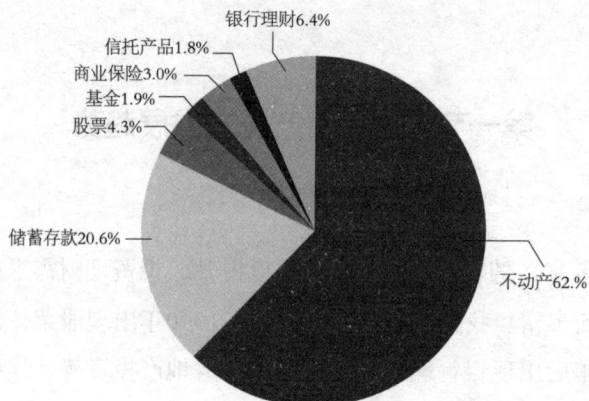

数据来源：wind、人民银行、保险业协会、基金业协会、中国邮政储蓄银行

图3-1　我国居民2014年投资结构

　　从上图可以看出，房地产在中国居民家庭财产配置中占62%，金融资产占38%，房地产投资的占比非常大。中央经济工作会议对于房地产作用的重新定位将会抑制房地产的投机性需求，挤出的大量资金将会转向其他收益更高、风险更小、发展更快的投资品种，引发居民家庭财富的再配置。随着房地产业"暴利终结"，居民在金融资产的配置将会大幅增长。

第二节　资产管理：房地产投资受到抑制

　　我国的住房市场化改革起步于1998年，之后的房价在一段时间内保持了两位数的增长，远超同期GDP增速。面对房地产投资过热的表现，2003年国家开始有针对性地对房地产市场进行调控，通过土地供应和信贷投放两方面调控房地产市场。自2003年以来，房地产调控政策不断出台，2005年的"国八条"、2006年的"国六条"、2008年的"新国六条"、2008年的"国十条"、2009年"国四条"、2010年"国十一条"、2013年"新国五条"、2014年"930新政"，2016年"房住不炒"定位相继提出。近一段时间的房地产调控政策更是不断加码。2017年末，全国70个大中城市中有60个城市都在出台房地产调控政策，并且多集中于东部沿海发达城市，调控的手段多样化并且措施全面，涉及需求端、供给端、土地端、资金端等各个方面。我国的房地产调控政策呈现出几个明显的特点：一是与经济增长环境密切相关；二是政策呈现出短期化倾向；三是政策的反复性较大，基调经常转向。

在一系列的调控措施下，我国的房地产市场呈现了以下变化。一是从价格方面来看。近年来房地产价格水平有所波动，呈现"降少涨多"的特点，总体来看新建商品住宅价格是不断上升的。即使在2016年"房住不炒"的定位提出后，房地产市场的价格也在环比不断上升。

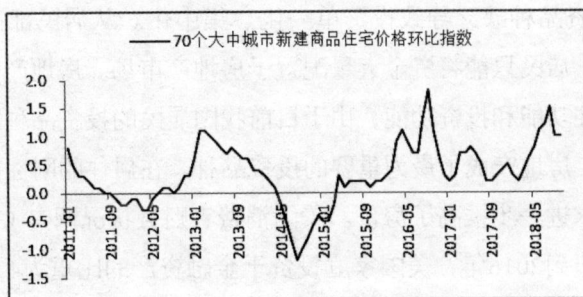

图3-2　全国70个大中城市新建商品住宅价格环比指数[1]

二是从销售金额和销售面积上来看，近年来房地产的销售情况一直很火爆，仅在2008年、2012年和2015年出现了小幅下跌，其余年份的销售金额和销售面积的增速都非常高。

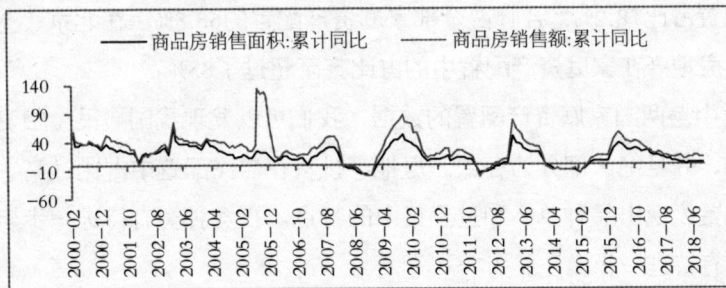

图3-3　全国商品房销售面积和销售额情况[2]

[1]　数据来源：wind 数据库
[2]　数据来源：wind 数据库

2018年以来，房地产的销售金额和销售面积增速有所放缓，但是仍然处于同比上涨的状态。

一、房价上涨的机制分析

在一系列调控政策不断出台的背景下，房价上涨的趋势不改，那么为什么房价越调控越上涨，我们从居民消费、财政收支、市场推动和政策导向等方面，将其归纳为如下几个原因：

第一，投资品种缺乏导致投资单一化、集中化。从居民部门来看，由于投资品种缺乏，居民只能将资金大量配置于房地产市场。房地产是一种特殊商品，兼具有居住功能和投资功能，由于目前我国居民的投资品种缺乏和投资种类的过度集中，房地产成了最为重要的投资品种。在居住的刚性需求外，投资甚至投机性需求进一步推高了房价。美国消费者财务状况调查（SCF）的统计数据显示，截止到2016年，美国家庭投资于金融资产的比重为42.6%，并且近年来一直呈现上升趋势。在金融资产配置中，储蓄存款占比1.5%，并且自1989年的9.8%以来一直呈现下降趋势，债券投资占比3%，股票投资占比13.6%，基金投资占比23.1%。在非金融资产配置上，房地产的配置占比53.7%，合计占到全部家庭资产配置的30.82%。而中国家庭金融调查（CHFS）的统计数据显示，截止到2016年，中国家庭投资于金融资产的比重为12%，其中银行存款占比78%，股票、基金和债券占比分别为12%、8%和1.5%。在非金融资产配置上，房地产配置占比78.2%，合计占全部家庭资产配置的68.8%。在北京、上海等一线城市，房地产在家庭资产配置中的占比甚至超过了85%。

对比中美两国家庭资产配置的数据，我们可以发现我国居民金融资产配置比例过小，并且绝大部分为存款。房地产投资在居民配置中占比过高。中国居民资产配置表现出品种单一和过于集中的特点。投资种类有待进一步丰富，投资分散度有待进一步提升。

第二，财政分权催生土地财政。从政府部门来说，财政分权导致地方政府收支不匹配，只能依靠土地收入弥补财政赤字。一般而言，地方政府的财政收入主要来自两大部分，一部分是税收收入，另一部分是非税收入，其中非税收入主要包括行政事业性收费、政府性基金、罚款和罚没收入、公共资产和资源收入等。除此之外，中央政府还有一部分转移支付。1994年中央推行了分税制改革，改变了中央和地方的税收分配比例。国家统计局的数据显示，1993年中央财政总财政收入的比重是22.02%，1994年分税制改革后这一比例就上升到了55.7%，之后基本维持在这个水平。地方政府的税收收入被收去大半，但是财政支出仍然维持较高水平。1994年地方财政支出占总支出的比重是69.71%，之后这一比例还有上升的趋势。财权和事权的不匹配，加上政绩考核的压力，促使地方政府积极扩大非税收入。1994年为了推进分税制的改革，中央政府允许地方政府将土地收入划入地方政府，计入政府基金收入。目前这部分收入已经成为非税收入、甚至地方财政收入最重要的组成部分之一。"土地财政"导致地方政府有足够的动力推高房价。

第三，不断上涨的房价达到了预期自我实现。从市场因素来讲，房地产价格越调越高，市场预期不断得到验证，导致房价不断上涨。房地产作为一种商品兼具居住功能和投资功能。作为投资品，房地产的收益来自两方面：资本利得和孳息。房地产的资本利得部分主要通过房价的上涨来实现，而孳息主要通过房租实现。wind统计数据显示，1999—2016年，全国商品房价格上涨了3.64倍，年均增长7.9%；北京房价上涨4.87倍，年均涨幅9.76%；上海房价上涨67.23倍，年均涨幅12.34%；广州房价上涨3.9倍，年均涨幅10.21%，深圳房价上涨7.78倍，年均涨幅15.78%。仅资本利得部分，房地产作为投资品种产生的收益就远高于其他投资品种。例如，过去10年我国的平均利率约为2.76%，基本与CPI持平，也就意味着购买债券基本也就是跑平通胀。如果购买基金，则面临着很大的波动风险，债券型基金中，回报率差别极大，最好的回报为12.79%，最差的亏损17.45%，均值1.68%。如果购买股票，投资回报还可以，但是波动太大，上证指数从1990年开设股市以来，2008年金融危机跌幅高达72.8%，2015年暴力去杠杆几近腰斩，但是平均每年涨幅14.3%。上证指数以2003年6月13日为基点至2018年，股票市场的平均年化收益率约为5.5%。相比较而言，房地产投资具有收益稳定丰厚的特点。我国房地产市场的价格近年来一直保持稳定的增长，2008年经济危机期间也只是出现了小幅下跌。因此作为一种投资品而言，房地产投资在我国具有巨大的吸引力。房价上涨的预期不断被实现，又进一步促进了更多的增量资金的加入，房地产价格形成了不断上涨的趋势。因此，如果没有政策调控，单纯依靠市场的力量，很难实现房地产市场的理性健康发展。

总结起来，从中央政府层面来讲，出于促进经济调控的目的，房地产调控政策不断变化缺乏定力；从地方政府层面来讲，土地财政的激励使地方政府缺乏调控房价的动力；从居民层面来讲，目前我国居民的投资品种还比较单一，投资房产的集中度过高；从房地产市场的投资特征来看，不断上涨的房价实现了自我预期，对房价上涨形成了正向循环和刺激。除此之外，房地产市场与GDP增长、地方政府财政收入、居民收入等有密不可分的联系，所以房地产调控不仅仅关系到房地产市场的发展，还是关系宏观经济、地方政府发展、居民财产收入等的系统性工程。

第四，政策缺乏定力导致越调控越涨。从政策因素上来看，房地产成了地方政府实现经济增长的工具，加上政策缺乏定力，导致房价越调越高。面对房价的不断上涨，中央政府发布了一系列的房地产调控政策。但是由于受经济形势的变化，调控政策不断发生调整和变化，缺乏稳定性、系统性和前瞻性，被动调整的情况比较常见。我们简单梳理了近年来的调控政策可以发现，政策一直在跟随经济形势的变化而不断变化，向市场传达的信号就比较混乱。1998年住房市场化改革后，2003年国务院出台的《关于促进房地产市场持续健康发展的通知》（国发18号文）确定房地产业为国民经济支柱产业，要促进房地产市场的发展。但是同年，房地产市场就出现了一定的过热表现，于是在出台国发18号文的当年，监管就提出要适当提高首付比例，取消贷款优惠，房地产政策由推动变为调控。2005年，进一步提高首付比例，由原来的20%提高到30%。2006年，发布了90/70政策外资"限炒令"。2007年二套房首付比例上调至50%，贷款利率上浮至1.1倍。整体来看，2003—2007年，监管对于房地产的调控力度都是非常大的，也显现了一定的效果。但是就在房地产市场调控慢慢发挥作用时，2008年经济危机爆发了，为了避免经济增速过快回落。在这一年，房地产调控力度大减，房地产市场又成为促进经济增长的重要支撑。2008年房地产市场新房首付比例下调20%，实行优惠房贷利率，2009年降低房地产项目开发建设资本金，实行优惠房贷利率，房地产政策由原来的调控变成了促进和推动。当然刺激效果也非常明显，房地产市场量价齐升。2011年房地产的政策又开始收紧，2011年首套房首付比例提高至30%，二套房首付比例提升至60%，房贷利率提升至1.1倍。2014年为了实现去库存的目标，房地产的政策又从收紧转变成放松，2014年取消限购政策，房贷利率下浮至基准的0.7倍，2015年下调商贷首付至40%，公积金贷款首付20%。2016年降低契税、营业税比例。经过连续去库存，房地产市场过热的问题再一次显现，在此基础上，2016年下半年，开始抑制房地产市场的泡沫，并一直延续至今。

这一系列的政策操作下来，由松到紧，由紧到松，不断变化，政策严重缺乏定力。反映出来很多的问题，一是房地产市场仍然被作为调节经济发展的一种工具，房地产调控仅仅是一种手段，调控房价并不是目的；二是房地产调控的政策都是被动调整的，还缺乏长效机制和系统考量。

二、抑制房价上涨的因素分析

房价的不断上涨，引发了社会的高度关注，监管的态度也从开始的抑制房价过快上涨转变为坚决遏制房价上涨，具体而言是哪些因素限制了房价的进一步上涨，下面进行详细的分析。

第一，经济结构调整需要去房地产化。从经济增长动能转型来看，抑制房价上涨是促进内需的必要条件。从经济增长的角度来讲，房价的不断上涨会进一步挤压消费需求，无法实现通过刺激内需拉动经济增长的目标。国家统计局的数据显示，截止到2018年9月，我国社会消费品零售总额同比增长9.2%。我国社会消费品零售总额自2004年以来一直保持两位数的增长，进入2018年以后，这一指标逐渐降到了10%以下，反映出当前消费不振的状况。如果此时房价还保持不断上涨，必然进一步阻碍消费能力的提升。从目前中国居民消费支出构成来看，目前我国居民在食品烟酒、衣着、居住、生活用品及服务、交通和通信、教育、文化和娱乐、医疗保健、其他用品及服务等方面的支出结构比较稳定，其中居住支出占到了全部消费支出的22.4%。但是如果房价进一步上涨，则可能挤出其他消费支出的比重，不利于内需的进一步扩大。

从经济发展方式转型来看，当前我国正处于经济发展转型时期，发展方式需要转变，经济结构需要调整，产业结构需要升级。在此背景下，经济增长的方式要由粗放式增长向集约式增长转变，要从依靠资源投入转向创新驱动。按照经济增长理论，决定经济增长的要素主要包括物质资本、人力资本、技术创新、制度变革等。其中物质资本和人力资本的投资投入，是经济发展初期经常采取的政策，通过资源密集型产业和人力密集型产业的发展带来经济的快速增长。但是物质资源和人力资本数量的有限性，决定了单纯依靠这两个要素的投入难以实现经济的长期可持续发展。因此，经济发展到一定阶段必然面临转型的压力。依靠房地产市场促进经济增长和发展，从本质上来看还是依靠土地资源的投入实现增长的一种方式。这种资源消耗性的经济增长模式，是不可持续的。在经济转型的阶段，要逐步转型和调整，积极培育新的增长点，实现战略转型。

第二，居民杠杆水平过高难以支撑高房价。从居民的角度来讲，不断上涨的房价会推高居民部门的杠杆率，导致风险的积聚。根据国际清算银行（BIS）的统计数据显示，截止到2017年底，我国居民贷款占GDP的比重是48.4%，新兴市场经济体居民贷款占GDP的比重平均水平是39.8%。在金砖国家中，印度居民贷款占GDP的11%，南非占33.1%，巴西占24.7%，俄罗斯占16.2%。我国居民贷款占GDP的比重虽然低于所有被调查国家51.7%的平均水平，但是相比较于经济发展和增速处于同一体系的新兴市场经济国家而言明显偏高。并且我国的贷款规模占比还没有考虑民间借贷和网贷，wind数据显示，2017年底全国网络贷款余额1.22万亿元，其中大部分还是个人消费贷款。如果考虑到网贷的规模，中国家庭借贷规模占GDP的比重大概为49.9%左右。另外，2006年中国居民贷款占比为10.8%，到2017年为48.4%，增长了3.48倍，年均增长13.31%。而在同期，印度增长了1.02倍，南非增长了0.78倍，巴西增长了1.83倍，俄罗斯增长了1.98倍。对比同类型国家，中国不但居民负债水平过高，而且增长速度过快。在我国居民贷款中，绝大部分都是房贷。如果房价继续上涨，则会进一步推高居民杠杆率水平，增加爆发系统性风险的可能。

第三，地方政府过度依赖土地财政，存在较大风险。从财政收入来看，地方财政过度依赖土地出让及其相关收入。财政部发布的《关于2017年中央和地方预算执行情况与2018年中央和地方预算草案的报告》数据显示，2017年地方财政收入9.14万亿元，房地产相关税收合计1.6万亿元，占地方财政收入的比重为17.5%；地方政府性基金收入5.76万亿元，国有土地使用权出让收入5.21万亿元，占地方基金收入比重为90.45%。合计来看，土地相关收入占地方政府收入的比重为45.7%，占比将近一半。除此之外，地方政府还有大量的隐性债务，主要表现在与城投公司之间的往来款，这部分债务大部分的还款来源也是依靠土地出让。土地相关收入在地方政府财政收入中扮演的角色如此重要，表明了土地财政是当前我国地方政府财政的一个重要部分。

财政收入在土地相关方面来源过于集中蕴含着巨大的财政风险。任何投资品都是有波动周期的，不会一直不停地涨上去。住房市场化改革并不意味着房价只能涨不能跌，正常的市场是有涨有跌，有升有降。未来房价一旦下跌，极易引发系统性风险。因此，现在能做的就是不断调整财政收入结构，抑制房价上涨，打破地方财政对房地产的过度依赖。

第四，不断上涨的非理性预期催生泡沫蕴含巨大风险。从投资角度来看，作为一种投资品种，我国的房地产市场的价格在过去长达20年的时间里基本保持了上涨趋势。这种不断上涨的趋势，促使房地产的投资者产生了不断再投资的冲动，需求的不断增长又进一步刺激了房价的上涨。中国储户问卷调查数据显示，截止到2018年9月，储户中购买住房的意愿比例为22.5%，自2017年以来一直保持在20%以上的水平，并且连续创近十几年以来的新高。在问卷调查中，预期房价上涨的比例为33.7%，只有9.6%的居民预期房价未来会下降。作为投资品种的一种，房地产资产本身也是具有周期性的，认为房价会一直上涨的预期是缺乏理性的。以美国和日本的房地产市场价格走势为例。美国最著名的房价指数——"Case-Shiller"指数的统计数据显示，1890—2013年，在长达123年的时间里，美国房价每年增幅3.07%，而同期居民消费价格指数是2.82%，只是勉强跑赢通胀。并且美国123年的房地产历史中，大概每隔20年就会迎来房地产市场的一次调整。中国的房地产市场真正建立起来是在1998年住房改革后，还没有真正经历过一次完整的房地产周期。这种非理性的预期极易导致房地产市场的泡沫。在信贷方面，房地产的占比就存在过高的风险。wind统计数据显示，截止到2018年6月，房地产贷款余额为39.88万亿元，其中商业性房地产贷款余额35.8万亿元，保障性住房贷款4.08万亿元，房地产贷款余额占全部金融机构贷款总额的30.88%。美国在次贷危机前的2007年，不动产贷款占到全部信贷总额的40.92%，之后次贷危机引发了震动全球的金融危机。而日本在房地产泡沫破灭前5年投向房地产的贷款占全部贷款总额的25%。目前中国的房地产信贷投放的比例已经超过了日本泡沫破灭前的最高水平，需要引发关注和警惕。当前中国经济增长的动能正在转换，如果不能抑制这种非理性预期的发展，通过房地产市场制造所谓的经济繁荣，经济必然会付出沉重的代价。在当前经济形势下，不能放任房地产市场的非理性发展，要抑制金融过度和投机行为，避免经济主体的过度负债，保证经济的平稳运行。

总结起来，经济结构调整、居民消费能力、地方政府债务风险以及房地产市场泡沫等因素都是制约房价进一步上涨的因素。经济结构的调整要打破过去依赖房地产市场拉动的旧模式，要寻找新的经济增长点。居民杠杆水平过高，不但挤压了其他消费，也使得居民承受房价上涨的空间不断收缩。地方政府过度依赖房地产市场存在巨大隐患，要居安思危，防止"灰犀牛"事件。最后不断上涨的非理性预期已经催生了房地产泡沫，泡沫不断增长，最终会产生巨大风险。

三、房住不炒是基本定位

如何坚决抑制房价上涨，调控政策层出不穷。关键是坚持三个基本判断：

第一，房地产调控是个长远问题。之前的地产调控主要是采取调整首付比例，限售、限购、限贷等短期措施。由于是出于调节经济发展的需要，很多政策是根据经济形势的变化不断变化，朝令夕改，给市场传达的信息比较混乱。很多政策都是被动采取的，缺乏主动和长远考虑，政策缺乏系统性和连续性。因此，如果真正想抑制房价上涨，必须坚持顶层设计，立足长远，才能行之有效。例如美国、德国、韩国、澳大利亚等国，在房地产调控方面就建立了很多长效机制。它们实行的房产税政策，会根据房屋用途实行差别化的贷款利率手段等方式调控房地产市场，例如法国推行的廉租房制度、俄罗斯推行的经济适用房制度等，都对稳定房价起到了至关重要的作用。

第二，房地产调控是个系统问题。由于房地产市场与居民收入、政府财政收入等密切相关，政策调控要立足于房地产市场，又不能仅仅局限于房地产市场。只有配套进行财税体制改革、个人信息申报制度、财产税收制度改革、商品房销售制度改革等，才能从根本上保证房价回归理性水平。关于财税体制改革方面，可以从根本上改变目前地方政府存在的"以地生财、以财养地"的模式，避免地方政府在房地产市场价格上涨中推波助澜。建立和完善个人信息申报制度和财产税收制度，也将有利于进一步打击投机性需求，为建立有差别的调控政策提供了基础。商品房销售制度改革方面，如俄罗斯等国家实行的现房和预售房屋的全国性管理，对于高房价采取严厉的控制措施等都为我国房地产市场调控提供了借鉴。

第三，房地产调控必须一分为二。房屋不同于其他商品，它兼具居住功能和投资功能。因此，房地产市场的调控政策要一分为二，辩证看待，绝对不能一刀切。抑制房价上涨，抑制的是投机性需求导致的房价上涨，但是对于居民的基本住房需求要合理满足。房地产调控政策要辩证看待，并不是非黑即白，非此即彼。要坚持差异化政策导向，必须有保有压。在保障基本需求的同时，抑制房地产市场的泡沫。例如，新加坡政府根据房屋的具体用途将土地划分成不同的类型，采取差异化的调节政策。英国、法国、日本等按照收入水平将购房人群划分为两类，其中高收入人群采用住房私有化的方式享有高端住宅，低收入人群通过住房补贴保障基本住房。还有韩国、英国、墨西哥等国实行的差别化利率政策等，都充分体现了调控政策的精准性、科学性。

当前部分城市出现了房价松动的迹象，市场有声音将其解读为新一轮房地产刺激政策出台的前兆，这种判断与当前中央对房地产市场发展的总体定位是明显背离的。当前部分城市降低房贷上浮比例，解除限价等措施，是一种边际的放松，体现了一城一策、分类指导的原则，但是总体上仍然要坚持房住不炒的原则，保持房地产市场的稳定健康发展。

第三节　资产管理：金融资产配置下一个风口

中央经济工作会议明确指出，打击房地产炒作和投机，稳定房地产市场价格，这标志着以往投资者单纯依靠房产交易坐享收益的情况将会变得越来越少。投资者必须寻找更加优质的资产进行合理配置，而金融资产由于其丰厚的收益、高度的流动性受到了投资者的关注，这些都为居民资产配置由房地产向金融资产转向提供了基础。另外一方面，近年来，资产管理机构在投资领域的优势愈加明显，个人投资者也越来越希望通过资产管理机构管理自己的资产，未来代客理财将会成为投资发展的趋势之一。近年来资产管理行业的发展也证实了这一点。

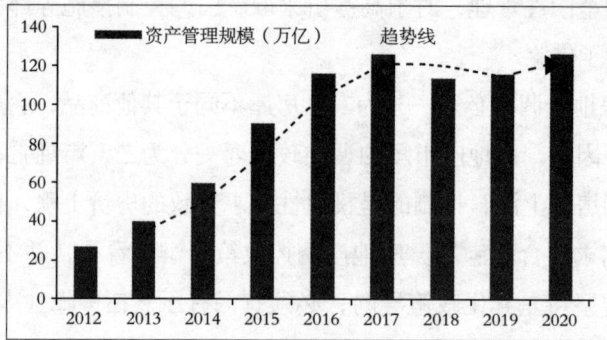

数据来源：波士顿咨询公司（BCG）《中国资产管理市场报告》

图3-4 我国近年来资产管理规模（没有剔除通道和委外交易）

上图显示，2012—2020年，我国资产管理市场的发展异常迅速，包括银行理财、信托资管、券商资管、基金公司资管等在内的资产管理机构产品规模由27万亿元扩大到126.7万亿元，年均复合增长率达到13.37%，发展异常迅速，资产管理的时代已经到来。从居民资产配置的趋势中我们也发现，理财和债券投资已经成为居民理财的重要选择。资产管理市场成为市场风口有其深刻的原因。同时，由于银行具有更广泛的销售渠道、更加专业的团队，在资产管理市场具有明显的优势，除此之外，银行理财还具有以下优势。

一、风险可控

从资产管理的产品端来讲，按照产品对本息的承诺兑付情况，可以将理财产品分为预期收益型和净值型（保本浮动型和非保本浮动型）的产品。按照风险等级也可以将理财产品分为R1（谨慎型）、R2（稳健型）、R3（平衡型）、R4（进取型）、R5（激进型）五个等级，等级越高风险越大。随着金融行业打破刚性兑付的需求，净值型产品逐渐成为理财市场上的主要品种。以2015年为例，市场共发行6657支理财产品，其中预期收益型580支，占比8.72%；保本浮动型1265支，占比19%；非保本浮动型4812支，占比72.28%。虽然净值型产品不保证产品收益，但是目前为止还没有出现银行产品不能兑付本金或收益为负的情况。

从资产管理的资产端来讲，2016年银保监会下发的《商业银行理财业务监督管理办法（征求意见稿）》要求"商业银行理财产品不得直接或间接投资于除货币市场基金和债券型基金之外的证券投资基金，不得直接或间接投资于境内上市公司公开或非公开发行或交易的股票及其受（收）益权，不得直接或间接投资于非上市企业股权及其受（收）益权"。银行理财投资渠道包括类信贷资产、债券资产（利率债、信用债）、股权资产（主要包括优先股、定向增发新股认购等），风险水平较低。以债券交易为例，自2005年信用债推出以来，直到2014年，债券交易一直没有违约情况的出现。2014年开始才有个别债券出现违约。2015年下半年至2016年上半年，债券违约情况有增长势头，主要是由于宏观经济增速下滑，"两高一剩"行业出现了部分违约情况。2016年下半年开始违约的情况有所好转，下一年度出现大规模违约的可能性较低。近两年来看，债券违约率有所上升，但是仍处于较低水平。目前市场上的发债主体整体信用水平较高，市场对于违约债券高度重视，采取了相应的处理手段。因此，相较于其他的投资品种，银行的理财产品风险水平较小、风险可控。

二、流动性较强

相较于其他投资品种，银行理财投资具有较高的流动性。除封闭式产品外，绝大部分的开放方式产品可以实现T+1（当日赎回、次日到账）或T+0（当日赎回、实时到账）的操作。相比较而言，房地产投资、理财等金融资产的快速变现优势充分显现，成为个人投资者关注理财投资的重要原因。下表给出了部分商业银行发行的理财产品情况。

表3-1　部分银行T+0理财产品

银行	产品	起售金额（万元）	赎回要求
北京银行	天天盈1号	5	T+0
渤海银行	渤祥	5	T+0
工商银行	灵通快线	5	T+0
光大银行	活期宝A	5	T+0

（续表）

银行	产品	起售金额（万元）	赎回要求
光大银行	活期宝B	10	T+0
广发银行	盆满钵盈–日日赢	5	T+0
华夏银行	增盈天天理财（安逸版）	5	T+0
华夏银行	增盈天天理财（尊享版）	20	T+0
建设银行	日日鑫高	5	T+0
建设银行	日鑫月溢	10	T+0
交通银行	得利宝天添利A	5	T+0
民生银行	天溢金普通款	5	T+0
民生银行	天溢金（电子银行）	5	T+0
南京银行	日日聚财	5	T+0
宁波银行	活期化	5	T+0
农业银行	安心快线	5	T+0
平安银行	日添利	5	T+0
浦发银行	天添盈1号	5	T+0
上海银行	易精灵	10	T+0
兴业银行	现金宝1号	5	T+0
招商银行	朝招金（多元稳健型）	5	T+0
招商银行	朝招金（多元进取型）	5	T+0
中国银行	日积月累–日计划	5	T+0
中信银行	共赢天天快车	5	T+0

资料来源：各商业银行网站

　　以上为部分商业银行理财产品的情况。从上表我们可以发现，目前银行的T+0产品还是非常丰富的，理财产品的流动性非常高。

三、门槛较低

资管新规前，大部分的银行理财产品的门槛是5万元～10万元。根据中国银保监会办公厅2008年下发的《关于进一步规范商业银行个人理财业务有关问题的通知》规定，"商业银行应根据理财产品的风险状况和潜在客户群的风险偏好和风险承受能力，设置适当的销售起点金额，理财产品的销售起点金额不得低于5万元人民币（或等值外币）"。2011年发布的《商业银行理财产品销售管理办法》根据理财账户的风险情况，把账户分为不同的等级，同时规定："风险评级为一级和二级的理财产品，单一客户销售起点金额不得低于5万元人民币；风险评级为三级和四级的理财产品，单一客户销售起点金额不得低于10万元人民币；风险评级为五级的理财产品，单一客户销售起点金额不得低于20万元人民币。"这个投资门槛是远低于房地产投资和信托投资等投资品种的。资管新规后，理财产品的起售金额向基金看齐，很多都是1元起购，投资门槛相对较低。

另外，理财产品本身收益率也很高，以2016年年底一周的理财产品发行为例，发行的1726支产品中，预期收益率2%～3%的产品63支，占比3.65%；预期收益率3%～5%的产品1593支，占比92.29%；预期收益率小于2%和高于5%的产品70支，占比4.06%。

以上这些优点成为银行理财产品吸引个人投资者的重要因素。

第四节 资产管理机构面临的挑战

资产配置的转向和理财产品的优势为银行的资产管理业务带来了机遇，但同时也对银行的资产管理业务提出了更高的要求。商业银行必须转变发展方式，由以往规模发展转向精细发展。为此，银行开展资产管理业务需要重点提升以下能力：

一、资产配置能力

资产配置就是投资主体如何分配资产，投资于不同的品种，以获取更大的收益。2008年之前银行资产管理机构的配置能力是非常缺乏的，资产配置品种较为单一，远远不能满足市场发展的需求。2008年后，针对高净值客户的资产配置逐渐受到重视，但是投资类别仍然非常有限。2010年后，银行资产管理机构的资产配置能力逐步提升，逐步由标准化产品向非标准化产品涉足，一些结构性的产品受到了银行资产管理机构的重视。2015年后，随着美元加息、人民币贬值，海外资产配置的重要性进一步显现。当前，资产配置呈现以下特点：一是资产品种不断丰富，对资产配置能力的要求越来越高；二是资产轮动的速度加快，资产配置的灵活性需要进一步提升；三是资产配置机制体制尚不完善，目前国内的大多数商业银行处于探索和尝试阶段，没有完整的模式可供借鉴。

因此，银行理财为了应对资产配置的挑战，需要做好以下工作：一是充分认识大类资产配置的重要性，通过资产配置博取更高的收益；二是培养和选拔专业的人才，组成研究团队，提高研究能力，分析市场溢价的投资品种，指导投资实践；三是建立资产配置机构和制度，提高资产配置的灵活性，以适应市场快速转换的风格；四是建立完善的风险管理和风险评价制度，重视投前分析和投后管理。

二、资源整合能力

资源整合指的是通过组织和协调将资源进行优化、匹配，充分发掘资源的优势和潜力，以实现效益最大化。银行理财背靠强大的银行背景和基础，往往接触和掌握大量的资源，如客户资源、项目资源、外部资源等。同时，在一般的大型商业银行中，资管业务在很多流程、交易对象上与其他业务有重合和交叉，这些大量的交叉和重合的资源亟待整合。

为了实现资源整合，需要采取以下措施：一是客户资源整合。银行的个人金融、公司金融和机构业务部门掌握大量的客户资源，商业银行应利用自身优势，挖掘客户需求，丰富产品类型，整合存量和潜在客户资源。二是项目资源整合。银行应发挥资管全产品线、市场全景资产配置优势，在"去杠杆"的环境下，挖掘优质资产，创新融资模式，为客户提供更好的融资服务。三是外部资源整合。市场存在大量的专业投资机构，在很多方面具有一定的投资优势。商业银行应博采众长，充分发挥投资机构的优势，通过FOF、MOM等方式委托外部机构进行投资，充分获取投资收益。

三、金融科技能力

金融科技能力主要是指信息化建设和系统建设能力。虽然信息化和系统的建设周期比较长、推进过程事务烦琐，但是一旦系统正式投入使用，将会大大提升效率、减少繁重的重复性工作，实现业务的规范化、流程化。因此，信息和系统建设是"功在当代、利在千秋"的工作，对公司的影响是深远的。可以说，信息化和系统建设是未来在银行理财竞争中取得胜利的基本保障。

银行理财提升金融科技能力需要重点做好以下工作：一是充分发挥大数据功能，通过系统和信息化建设，对客户和市场进行细分，实现产品管理的精细化。二是提高业务系统管理水平，提升资产运营、产品管理和投资决策管理效率，实现对人力资本的替代。三是提高电子化、移动终端消费比重，并逐步向智能投顾方向发展。充分发挥金融科技的力量，不断改善客户体验。

第五节　本章小结

自1998年住房市场化改革以来，我国的房地产市场已经走过了20多年的历程，在提升人民生活质量、促进经济增长方面，房地产市场发挥了巨大的作用。但是，房地产市场在长期发展过程中也积累了很多问题，并且在目前情况下来看，很多问题还比较突出。房地产调控伴随着房地产市场的发展而存在，虽然收到了很多质疑声，但是这种调控是不可避免的，尤其是在房价的剧烈上涨，并且有泡沫化趋势的情况下。其实房地产调控的关键问题是，如何对房地产进行定位。自2003年国发18号文将房地产业定位为国民经济支柱产业以来，房地产一直被视为促进经济增长和发展的工具，因此，政策调控的根本目的也不是控制房价的涨跌，而是使房地产市场服务于经济增长。随着经济结构的不断转型，尤其是2016年经济工作会议上关于"房子是用来住的不是用来炒的"定位，将会从根本上扭转对于房地产市场定位的认知。房地产应该回归社会和民生的本质，而不应该作为经济发展的工具。

　　长期以来，在居民资产配置结构中，房地产的占比过高，已经成为共识。这种资产配置的结构既不利于居民财富的持续保值增值，也蕴藏着巨大的泡沫和风险。"房住不炒"的定位以及一系列调控政策的出台，必然会一定程度上对房地产价格的不断上涨形成抑制，也会打破买房投资、炒房投资的财富管理惯性。在此影响下，居民财富配置的结构将会出现明显的调整和变化，这对于财富管理行业而言是一次难得的机遇，但同时也是一次巨大的挑战。商业银行作为资产管理机构的重要组成部分，其产品兼具安全性、流动性以及投资门槛较低等优势，可以成为承接房地产投资资金的重要渠道，应该在居民财富管理中发挥巨大作用。

第四章　资产管理变革：新冠肺炎疫情冲击

受疫情影响，全球经济和金融市场发生了前所未有的变化，股票、外汇等高收益风险资产大幅波动，为资产管理带来了更多的机遇和挑战。疫情冲击下，居民的财富管理模式和方式也在发生着变化，呈现出安全化、线上化、分散化和境内化的特点。为了应对疫情冲击带来的影响，本章提出了加强投资者再教育、转变财富管理模式、加强大类资产配置和加大金融开放力度等建议。

第一节　引言

2020年9月5日，第三届全球财富管理论坛在北京召开，本届财富管理论坛主要围绕后疫情时代的财富管理展开。北京市政府明确表示要将通州城市副中心打造成为"全球财富聚集地和具有国际影响力的财富管理中心"，充分表明了政府对财富管理问题的重视。从概念上来看，财富管理就是金融机构以客户需求为中心，在财富规划基础上，通过各类资产的配置为客户财富保值增值。因此，财富管理涉及以下方面：一是要以服务客户为中心，不断满足客户的财富管理需求；二是财富管理需要经过资产的配置，通过资产的上涨来实现个人财富的增长；三是财富管理的基本目的就是实现居民财富的保值增值。随着居民财富的不断增加，财富管理的需求也在不断增长，财富管理和资产管理的重要性日益凸显。

经济发展和技术进步为资产管理发展提供了基础。资产管理起源于中世纪末期的欧洲，私人资产管理是早期资产管理的主要表现形式。欧洲的商业银行开始为贵族提供私密个性化的金融服务，标志着财富管理和资产管理的兴起。

二战后，美国成为全球第一大经济体，经济的发展和国民财富的增长推动了美国资产管理的发展，现代资产管理理念逐步形成。这一时期资产管理呈现以下特点：一是私人银行数量下降，代之以综合性的金融机构，形成了私人银行、综合银行、投资银行、顾问机构在内的资产管理机构体系；二是资产管理的形式从私密个性的金融服务演变为大众化的理财产品。20世纪90年代，资产管理又迎来新的发展，主要原因在于美国金融管制的不断放松，尤其是《金融服务现代化法案》在1999年的颁布，促进了资产管理行业的快速发展。目前美国已经成为资产管理市场规模最大、竞争最为激烈、发展最为完善的市场。私募基金、风险资本、对冲基金、结构性理财等产品不断涌现，并衍生出投资银行、家族办公室、财富顾问等机构，为客户提供更加多元化的金融服务。

发展至今，全球资产管理业务呈现以下趋势：一是不均衡化。资产管理行业近年来虽然发展较快，但是发展的不平衡性问题也比较突出。目前亚太地区尤其是中国资产管理行业发展比较亮眼，这主要是得力于近年来亚太地区经济的快速发展，并由此带来明显的财富效应，使其成为全球资产管理表现最活跃的区域。二是客户中心化。传统的资产管理业务模式是以产品和销售为核心的，资产管理不是由客户需求向资产管理机构传导的模式，而是资产管理机构设计了什么产品就给客户推销什么产品，目前这种状况正在改变。随着居民财富管理意识的不断觉醒，居民财富管理的要求也在不断提升，个性化、定制化的财富管理是未来发展的方向，这也推动了资产管理模式由产品、营销中心化向客户中心化转变。三是多元化。近年来资产管理多元化的趋势越来越明显，这里的多元化，不仅指产品的多元化，例如，资产管理机构推出了固收、固收+、混合类、股权类、商品类产品等不同的产品形态；也指机构的多元化，资产管理机构的类型也不断丰富，除了公募基金、券商资管、信托、保险资管、银行资管外，还出现了理财子公司等新型的资产管理机构，竞争主体百花齐放、百家争鸣，充分竞争。同时也包含了资产配置的多元化，覆盖的资产种类越来越齐全，覆盖的资产区域越来越广泛。资产管理机构通过多元化的配置，满足了不同客户的财富管理需求，同时，也实现了机构间的充分竞争和优化资源配置。四是智能化。科技与金融的融合不断加深。资产管理机构通过科技赋能，一方面，让资产管理突破了传统业务只能服务高端人群的限制，让资产管理"飞入寻常百姓家"，覆盖更多的长尾客户。另一方面，也提升了资产管理机构的管理能力和管理效率，包括风险控制能力、风险定价能力、投资研究能力等，产品运作效率、客户响应效率等。科技创新优化了资产管理的模式，在资产管理中扮演的角色日益重要。

新冠肺炎疫情对国民经济的方方面面都产生了严重的冲击，当然也包括资产管理行业。那么新冠肺炎疫情冲击对资产管理带来哪些影响，面对这些影响我们又需要哪些应对措施，在回顾资产管理行业发展历程、发展趋势的基础上，我们希望能够回答以上问题。

第二节　疫情的影响

突如其来的新型冠状病毒肺炎疫情蔓延到了全世界，给社会经济发展和居民家庭生活都带来了巨大影响。在这种冲击下，资产管理行业也出现了一些新的变化，给行业的发展带来了机遇和挑战，具体而言，疫情给资产管理带来以下变化。

一、投资稳健化

从投资理念上来看，疫情使居民的投资理念转向更加安全稳健。疫情冲击使得居民更加重视财富管理的安全化，在追求高收益的同时，更加关注收益回报的稳健性，追求风险、收益和流动性的平衡。一是疫情导致了居民收入的减少和财富的缩水。居民会储备更多高流动性的资产以应对日常支出和意外开支的需要，由此挤出了大量高风险的资产配置需求，居民资产配置的保守化倾向明显。如家庭会增加低风险资产如现金、存款、货币基金、银行理财等的配置，减少高风险高流动性资产如股票、非上市公司股权等的配置。家庭对中低风险资产的偏好会提升，对高风险资产的配置意愿大大降低。二是疫情的反复性和不确定性导致多数家庭尤其是低收入群体消费倾向大大降低。居民转而采取增加储蓄等方式应对不利的冲击变化，这将导致居民储蓄水平的上升，过度消费、举债消费的情况和现象下降。三是对居民的财富管理规划产生了影响。

此次疫情，重检了居民家庭资产负债表，由此促进居民更加重视财富管理的长期规划，以满足在不同生命周期和不同场景下财富管理的需求，这为长期限资产管理行业的发展带来了机遇。四是疫情的爆发进一步唤醒了居民的保险意识。2011年我国居民办理商业保险业务的比例仅有5.2%，到2019年这一比例已经达到了10.8%，短短八年时间实现了翻一番，受疫情的影响，居民商业保险等长期限、低风险资产管理产品的资产配置比重有可能进一步上升。居民资产配置安全性、稳健性要求的上升，将为以低风险、长期限等为主要标的的资产管理机构带来更多增量资金。

二、投资线上化

从投资方式上来看，疫情推动了资产管理方式的进一步线上化。疫情在影响居民财富管理观念的同时，也在影响着居民财富管理的方式。疫情导致的物理隔离增加了居民消费和投资的线上化意愿，线上消费投资的便利性，使线上化的服务方式受到了越来越多家庭的欢迎。在投资方面，个人客户也逐渐适应了线上财富管理的模式，线上客服、线上咨询、线上理财、线上培训、远程服务等都在短时间得到了很好的发展，客户的财富管理习惯和方式正在悄然发生着改变，线上财富管理模式的接受度逐步上升。

客户财富管理方式的改变，也推动着资产管理机构加快线上服务的进程。这给资产管理行业带来两方面的影响：一方面，为实现资产管理普惠化提供了难得的机遇。长期以来，资产管理都是和高端客户、高净值客户联系在一起的，普通客户无法享受资产管理带来的金融服务。这主要是资产管理的特性决定的，资产管理需要个性化、定制化的服务，没有技术支持无法有效覆盖。但线上服务的边际成本很小，几乎可以忽略不计，这为资产管理机构覆盖更多的客群、实现资产管理的普惠化提供了难得的机遇。另一方面，资产管理也有助于提升金融科技的水平，实现金融科技和资产管理的深度融合。线上服务的趋势倒逼资产管理机构加大金融科技的投入研发力度，不断提升线上服务的水平。科技赋能会进一步提升资产管理服务的质量和效率，对资产管理行业良性发展起到助推作用。

三、投资分散化

从投资品种上来看，疫情使资产配置种类更加分散和多元。资产配置是财富管理的基础，是保证财富管理有效性的前提。此次疫情暴露出了中国家庭资产配置过于集中的问题，多元化程度不够，资产管理配置内容需要做出重大调整。"不要将鸡蛋放在一个篮子里"传递出了分散投资这个最基本的投资理念。疫情冲击驱使家庭重新审视资产配置的合理性，疫情冲击的不确定性和随机性，让单一资产配置的投资者遭受了严重的损失，分散投资的优势更加明显。而跨区域、跨类别、跨品种的多元化分散投资，能够有效缓冲重大负面冲击带来的不利影响，避免风险事件对投资回报产生的扰动，提升投资收益的稳定性，实现财富稳健的保值增值，资产配置的分散化和多元化越来越受到关注。

居民资产配置分散化的需求，推动了资产管理机构加大大类资产配置的力度。从投资品种上看，在重点关注债券市场的同时，居民也开始关注权益市场、商品市场、另类投资市场等。投资品种的多元化和市场的不断扩容，也对机构的投资能力提出了更高的要求。产品类型上，除了纯债类的产品，资产管理机构加大了"固收+"产品的研发推广力度，同时推出混合类和权益类产品。客户对产品类型的接受度也在提升，提高了产品种类的丰富度。多样化的产品，不仅增加了产品管理的难度，也对产品的销售、渠道、宣传等提出了更高的要求。

四、投资境内化

从投资区域上来看，疫情使资产配置由海外转向境内。长期以来，资产管理配置都是以国际化、全球化为方向。但是疫情的爆发一定程度上影响了资产配置国际化的趋势。境内自疫情暴发后采取了较为有力的措施，有效控制了疫情的传播和蔓延，而海外疫情愈演愈烈，疫情感染人数不断创新高。海内外疫情处理中的明显对比对资产管理的区域选择也产生了很大的影响。一是海外疫情的不断发展和恶化，对海外投资产生了很大的影响，尤其是各种限制性措施的出台，对海外投资造成了很大的不便，影响了海外投资的顺利开展。二是由于海外疫情的不断爆发，各国都采取了量化宽松的刺激政策，导致资产回报率降低，而境内货币政策较为理性克制，对资本产生了吸引力；三是海外疫情的不断发展，也让投资机构对海外经济增长的前景较为悲观，对于资产持续回报和收益水平产生了影响，也使得投资机构，尤其是境内投资机构更加关注境内市场；四是由于疫情的爆发，很多国家妄图通过制造摩擦和争端转移国内矛盾，导致海外投资受到很多限制，尤其是近期中美之间的摩擦加剧，作为中国投资机构重要的投资目的地，美国对中国资本的吸引力在不断下降，也迫使境内机构转向其他区域，尤其是境内的资本市场。疫情爆发使得家庭对海外资产的配置倾向降低，境内成为资产布局的重要方向。

第三节　对策建议

疫情不但冲击了居民生活，也给资产管理带来了很多的机遇和挑战。当前，全球经济和金融市场也呈现出了明显的变化，资本市场已经进入了高波动、低回报的新环境，面对这种变化带来的挑战，建议采取以下措施。

一、加强投资者再教育

随着居民投资理念的变化，投资者教育的工作也要不断跟进。虽然中国资产管理市场已经发展了近30年，但是投资者的教育很多还停留在"理财有风险，投资需谨慎"这句口号上，这完全不能适应新形势下资产管理的需要。尤其是2018年资管新规发布后，资产管理行业正在经历一次深刻的变革，打破刚性兑付，实现净值化转型对投资者而言是巨大的转变。资产管理机构需要加强投资者教育和引导，让投资者更加正确地对待资产管理和市场变革。

第一，引导客户做好财富管理规划。资产管理不仅仅是简单的财富增长，它背后关系着一个家庭的幸福，关系着家庭和社会的稳定发展和传承。资产管理不是简单的投资理财这么简单，从根本上来看，资产管理是一种跨期视角的长期管理，要立足财富的保值、增值和传承，通过创富、守富、传富，实现全生命周期的管理。如果说疫情之前的资产管理更加注重财富的保值增值，疫情后的资产管理将更加重视财富的传承。因此，资产管理机构需要引导客户做好全周期的财富管理规划，实现资产组合的均衡化、多元化、安全化、长期化。

第二，引导客户正确认识风险。资产管理最初的定位是为高净值客户提供资产管理服务，通过专业的资产配置实现财富保值增值，随着金融科技的应用，资产管理的普惠化不断发展，但是资产管理属于金融服务的本质并没有改变。因此，经营风险、管理风险也是资产管理机构面临的重大课题。资产管理机构就是根据投资者的风险偏好，提供相应的资产管理服务，实现收益和风险的相匹配。因此，投资者应该从只追求高收益转变为对风险和收益的综合考量，要充分认识风险，并按照个人风险承受能力选择不同风险的资产管理产品，做到自主决策、自担风险、自享收益。

第三，引导客户坚持长期价值投资。资产管理不是为了博取短期的投资机会，而是为了获取持续的稳健回报，因此引导客户坚持长期价值投资具有重要意义。一是坚持长期价值投资有助于为客户创造稳健回报。随着人口老龄化的发展，如何在基本养老金和企业年金外，打造养老的第三支柱至关重要。要引导居民将储蓄转化为资本市场中长期的资产，以获得持久稳健的回报。二是引导居民坚持长期投资，将有助于股权市场、债券市场等的发展，促进资本市场的长期稳定发展。三是引导居民将资金投入长期限产品，也会对实体经济发展形成有效支持。资产管理机构可以将更多的资金投资于长期资产，从而促进实体经济发展。

二、转变资产管理模式

随着资产管理市场和金融科技的不断发展，资产管理的模式正在经历深刻的变化，尤其是疫情冲击带来的居民投资线上化的趋势更有力地推动着这一转变。资产管理机构要转变以往以产品、销售为中心的管理模式，而是向以客户为中心转变。不是我们设计出什么产品就把它推销给客户，而是客户需要什么产品，我们就设计什么产品。资产管理流程的改变，导致传统的资产管理方式难以适应新形势下资产管理的需要，必须转变资产管理的模式。

这种模式的转变需要把握客户高度个性化、动态化、综合化的特征，对资产管理机构的专业性提出了更高的要求。在这种模式下，资产管理机构的专业能力和金融科技的重要性愈发凸显。金融科技一方面能拓展资产管理服务的规模和边界，资产管理与金融科技的结合，通过减少业务成本降低了资产端和资金端的门槛，可以将业务拓展到更多的大众长尾客户。另一方面，金融科技赋能资产管理，可以提升资产管理的专业性。资产管理机构要通过金融科技赋能内部团队，提升投资研究、资产配置、运营操作、估值核算、市场营销等整体的能力，为客户提供直接投资、投资咨询、组合管理等全方位的服务，帮助机构更好地挖掘客户需求，提升资产管理的针对性和有效性。资产管理机构也要通过科技赋能外部客户，升级网上营销平台，主动挖掘客户需求，在此基础上为客户提供专业的营销管理、资产配置、投资咨询等智能化工具，不断优化客户服务、资产配置等流程，快速响应客户需求，为客户提供职能、优质的资产管理体验，提升整体竞争优势，实现以客户为中心的理念和业务模式的创新变革。

金融科技与资产管理的深度融合已经成为不可逆转的趋势，大数据、云计算、人工智能的快速发展为提升和优化资产管理机构的专业能力提供了必要的条件，成为推动资产管理行业模式转型的重要力量。

三、加强大类资产配置

资产管理的核心是通过科学合理的资产配置为客户创造稳健的收益。随着居民投资分散化的趋势不断发展，大类资产配置的重要性进一步显现。由于不同类别的资产在不同的市场环境下表现会有明显的差异，大类资产配置通过投资于相关性较差的不同种类的资产，就可以用一个市场的下跌弥补另一个市场的上涨，从而达到分散风险的目的。大类资产配置有助于促进多层次资本市场建设，中国居民的投资存在单一和集中的问题，在资产配置中房地产投资过高，金融资产投资比例过少，而在金融资产中，也主要是以存款为主，这种投资结构不利于多层次资本市场体系的建设。资产管理机构加强大类资产配置有助于将更多的资金均衡合理地配置于股权市场、债券市场、商品市场等，从而推动建立多层次资本市场。大类资产配置有助于推动资金更多地流向实体经济，大类资产配置由于拓展投资渠道，尤其是提升直接投资的比例，这将为实体经济带来更多的增量资金，也能让资产管理机构在满足投资者保值增值的基础上支持实体经济发展，回归资产管理行业的本源，不仅有益于经济发展的大局，也是对投资者最大的尽职履责。

资管新规的发布为不同类型的资产管理机构明确了更加公平、透明的竞争规则，资产管理机构要转变发展理念，提升自身专业能力，完善团队建设，不断寻求大类资产配置的最优化。资产管理机构要通过大类资产配置为客户提供多样化、多层次的产品，发挥价值创造功能。同时，将资金更多地配置于实体经济中，发挥服务实体的功能，实现资产管理市场的健康发展。

四、加大金融开放力度

虽然受疫情影响，全球贸易和金融保护主义有所抬头，并且出现了逆全球化的苗头。但是，金融开放势不可挡，资产管理开放的步伐不会放缓。通过金融对外开放，一方面能够提高开放条件下的经济金融管理能力和防控风险能力，提高参与国际金融治理体系建设的能力，在未来的全球金融体系发展中，提升资产管理规则的话语权；另一方面，扩大金融双向开放，也可以满足国内投资者在全球范围内配置资产以及国际投资者配置国内金融资产的需求。40余年来，改革开放政策作为我国的国策，在促进经济金融深入融合到全球产业链、价值链中发挥了重要作用，以后也必定是需要长期坚守的基本政策。全球产业分工和产业链体系的发展，客观要求金融业继续扩大开放交流，形成全球资产配置的新格局。从国内的政策来看，国家也在采取各项政策鼓励和加大金融对外开放的力度。2019年7月国务院金融稳定发展委员会发布的《关于进一步扩大金融业对外开放的有关举措》和2020年4月中共中央、国务院发布的《关于构建更加完善的要素市场化配置体制机制的意见》都强调要主动有序扩大金融业对外开放。

金融业是服务业的一种，只有在市场化机制和相互竞争的过程中，管理能力和水平才能得到进一步的提升。中国金融领域的不断开放，将会吸引更多的外资资产管理机构进入中国市场，外资机构控股的理财公司或将成为资产管理市场的新生力量。未来资产管理行业的竞争不仅仅是境内机构的相互竞争，也是境内外不同资产管理机构之间的竞争，中国资产管理行业将迎来全球机构同

台竞技的时代

另一方面，面对当前贸易保护主义和逆全球化的思潮，我们也应该对金融开放有更加清醒的认识。金融开放是为了国际经济发展的形势和国家发展的战略而开放，不能单纯为了实现开放而开放。因此，加强对于外资资产管理机构的监管也具有重要的意义。

第四节　本章小结

满足投资者日益增长的财富管理需求是新时代资产管理机构的重要使命。此次疫情对资产管理市场的巨大冲击促使居民的财富管理需求更加凸显，对资产管理机构的专业能力提出了更高的要求，这既对资产管理机构提出了挑战，也为资产管理机构的发展壮大提供了难得的机遇。

经济发展、结构转型和金融科技是推动资产管理行业快速发展的重要动力，随着居民财富积累，财富管理风险意识提高，财富管理的需求会进一步增长。资产管理从小的层面上来说是通过资产配置为客户提供财富管理规划和最优决策，为居民财富实现保值增值；从大的层面上来讲，作为支持实体经济发展的重要渠道，资产管理也有助于提升资源配置效率，推动经济增长和科技进步。

资产管理机构要主动适应市场的新变化，通过模式创新、理念创新和技术创新等方式，不断发挥价值创造和资源配置的作用，提升资产管理服务的能力。随着资管新规的发布，资产管理市场将在监管逐步统一、运营逐步规范、流程逐步优化、产品不断创新的背景下逐渐走向成熟。

第五章　银行理财与资产管理

作为资产管理机构的一员，银行理财在资产管理中扮演着重要的角色，为整个资产管理行业的发展提供了重要的支撑。银行理财在资产管理行业中的作用表现在以下方面：一是实现了居民财富的保值增值，为客户创造了稳健的收益；二是提升了投资者教育的水平，让投资者正确认识到了风险和收益；三是推动了居民财富意识的觉醒，促进了居民投资领域、资产配置和财富规划的拓展和完善；四是促进了资产管理市场的发展，壮大了规模、丰富了类型、优化了结构。当然，银行理财也面临转型的压力：产品类型需要丰富、投资结构需要优化、服务能力需要提升、运作模式需要转变、监管体制需要完善。银行理财在资产管理中肩负重要使命，要通过不断提升能力，实现服务实体经济、服务客户的本源。

第一节　引言

改革开放以来，我国资产管理市场发展突飞猛进，不论是规模还是结构，都在不断壮大和完善。在发展规模方面，资产管理的规模从无到有、从小到大，不断壮大。艾瑞咨询发布的《2020年中国财富管理行业白皮书》显示，截止到2020年底，我国资产管理市场的规模已经达到了126.7万亿，占同期GDP的比重为124.7%。从产品结构来看，资产管理的产品由最初的单一存款等，逐步发展到包括国库券、银行理财产品、公募基金产品、券商资管产品、保险资管产品、期货资管产品等不同的产品形态，实现了风险、品种的多元化，可以为客户提供更加全面的服务。从市场主体来看，资产管理的机构不断完善，已经覆盖了银行理财、证券资管、保险资管、期货资管、基金等不同的机构，可以充分发挥不同机构的优势，推进资产管理市场的不断发展。

近年来，资产管理市场的规模在不断扩大，银行理财在其中扮演了重要的角色。截止到2020年底，银行理财的规模达到25.86万亿，占资产管理行业规模的比重超过2成[①]，是资产管理市场规模占比最高的部分。不仅是国内，在国外资产管理市场中，银行理财也占据重要位置。波士顿咨询管理公司发布的《2020年全球资产管理报告》显示，2019年全球管理资产总额（AUM）增长15%，管理规模达到了88.7万亿美元。全球排名前20位资产管理机构中，银行系资管机构占了半壁江山，国际大行的资产管理规模占银行总资产普遍达到60%以上，是母行重要的收入来源。

银行理财业务的发展为整个资产管理市场规模的发展壮大提供了支撑。除此之外，银行理财的客户大多是由存款客户转化而来，对于实现行业的升级发展具有重要意义。商业银行理财业务是资产管理市场重要的组成部分，在资产管理中发挥了重要作用。那么，银行理财在资产管理方面的作用体现在哪些方面，面临哪些发展中的难题，又面临哪些转型，这是本章希望回答的问题。

第二节　银行理财的积极作用

银行理财业务开始于21世纪初，经过近20年的迅速发展，产品结构不断完善，在资产管理的发展中发挥了积极作用。

一、实现了居民财富保值增值

为居民财富实现保值增值是资产管理机构的基本职能，银行理财作为资产管理机构的重要组成部分，在实现居民财富保值增值方面发挥了积极作用。

---

① 数据来源：《2020年中国财富管理行业白皮书》

第一，理财产品为客户创造了持续的收益。中国银行业登记托管中心发布的《中国银行业理财市场年度报告》披露的数据显示，2020年，银行理财产品规模达到25.86万亿，为投资者创造收益9932.5亿元，接近万亿水平。下表给出了自2013年以来理财产品创造的投资者收益数据。

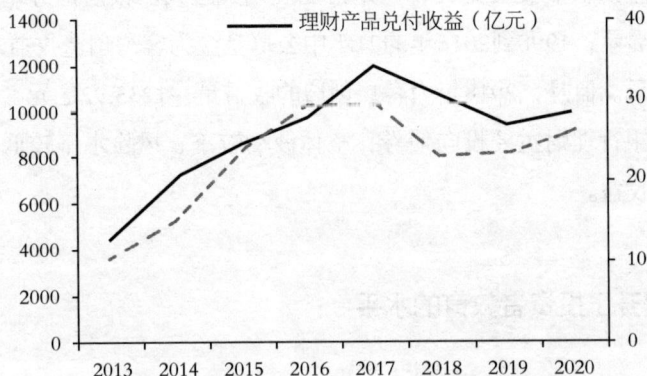

图5-1　银行理财产品收益情况[①]

从上图可以发现，我国商业银行理财产品为投资者创造的收益2013—2017年呈现快速增长的态势，并且收益水平与理财产品的管理规模呈现正相关关系。投资者收益水平从2013年的4486.74亿元增长到了2017年的11854.5亿元，4年间增长了1.64倍，年均增长27.5%。2017年以来受监管政策调整，尤其是资管新规对市场的影响，理财产品为客户创造的收益有所减少，但是经过短暂调整后，目前已经逐步恢复到峰值水平。

第二，理财产品的投资门槛较低，服务于最广大的投资者。《2018年中国信托业社会责任报告》的数据显示，信托业2018年投资者分配信托收益7475.30亿元，2018年信托业管理产品规模占整个资产管理行业的比重是20%，排名第一。而同期排名第二的银行理财管理产品规模占整个资产管理行业的比重是19.4%，但是为客户创造了10566亿元的收益。相比较而言，信托产品的高投资门槛和投资风险让很多普通投资者很难参与其中，银行理财的投资门槛较低，更能满足普通投资者的财富管理需要。

---

① 数据来源：wind 数据库

第三，理财产品的风险相对较低。从不同产品的投资风格和偏好来看，保险资管产品投资期限较长，投资者面临较高的流动性风险和再投资风险。信托产品主要投资房地产、非标准化资产等项目，近年来频繁暴雷，投资风险不断提升。券商资管计划主要投资于较低等级信用债产品，也存在一定的信用风险。公募基金以权益投资见长，但是市场波动风险大。银河证券基金研究中心发布的数据显示，1998到2018年的21年中公募基金为客户创造收益2.11万亿元，年均1005亿元。但是，2018年为客户创造的收益是－1235.92亿元，市场波动风险较高。而银行理财主要投向债券，整体波动较小、风险水平较低，为客户创造了稳健的收益。

二、提升了投资者教育的水平

近年来，资产管理市场突飞猛进，资产管理规模不断提升，投资者数量不断增长，投资者教育的重要性愈发显现。如何帮助投资者规避风险，减少不必要的投资损失已经成为投资者教育的关键议题。根据国际证券委员会（International Organization of Securities Commissions，简称IOSCO）的定义，投资者教育是指对投资者进行的有计划、有目的的培训和教育，以提升投资者素质和能力。

健康的资产管理市场离不开健全的投资者教育体系，投资者教育对于维护投资者利益、维护市场稳定和推进利率市场化改革都有至关重要的作用。资产管理市场上的投资者主要分为两类：一类是机构投资者，一类是个人投资者。个人投资者又分为高净值投资者和中小投资者。机构投资者和高净值投资者的专业性较高，对市场反应比较灵敏，同时由于在市场中具有较为特殊的地位，很容易识别和规避风险。相比较而言，中小个人投资者专业知识参差不齐、掌握信息有限，往往在市场中处于劣势。而市场中的投资品种纷繁复杂，投资风险千差万别，投资者教育对于他们至关重要。银行理财的客户以中小个人投资者为主，在资管市场中占比较高，并且很多都是中低收入家庭的投资者。因此，加强投资者教育不仅是保障投资者利益的民生工程，也是维护资管市场稳定发展的系统性工程。

投资者教育的核心是如何正确认识风险，所以投资者教育与风险是分不开的。投资者教育的目的是帮助投资者树立正确的投资理念，纠正"一夜暴富""天降横财"的投机心理，从盲目入市转为理性投资。目标是在防范风险的基础上，获取与投资相匹配的收益水平。

随着1990年上交所和深交所的建立，我国的证券市场开始形成。证券市场建立后，投资者教育问题一直没有得到应有的重视，投资者风险意识淡薄，投资能力缺乏，给投资者和资本市场也带来了很大的冲击。我国资管市场建立时间较晚，以2004年光大银行发行首支外币理财产品开始，资管市场逐步建立，投资者教育也紧随市场的发展逐步展开。投资者教育分为不同的阶段，首先是强调引入投资者教育理念的重要性，并开始推行投资者教育；其次是针对前一阶段投资者教育中出现的问题进行反思，并结合成熟市场的经验提出改进措施和意见。最后需要提出系统的投资者教育理念和措施，并建立和完善投资者教育的相关法律法规体系。目前，国内的银行理财开始逐步进入第三阶段。

虽然银行理财业务的发展提升了投资者教育的整体水平，但是我们也应该看到我国商业银行的理财客户对风险的认识是存在很大问题的。这主要是因为资管新规之前的理财产品都是保本保收益或预期收益型的产品，这种产品导致了产品和资产的分离定价，资产的风险并不能通过估值反映在产品的收益上，与产品收益相关的这些风险其实是由商业银行在承担着。客户坐享高收益而无须承担投资风险，投资者无法通过参与理财产品的投资正确客观地认识风险。

资管新规以后，产品管理的模式出现了明显的变化。产品单独管理+净值化的转型实现了资产的利率风险、信用风险和流动性风险与产品收益的高度相关性，资产的收益会实时客观地反映到产品收益里面，资产和收益的相关性大大提升，风险与产品的相关性也大大提升。资管新规"买者责任自负，卖着尽职免责"的要求，需要理财产品的客户承担本来应该由自身承担的责任。客户如何正确地评估自身的风险承受能力，如何正确地看待产品的风险至关重要。随着产品的净值化转型，客户已经逐步融入资本市场中，成为市场的重要参与者。客户可以通过申购和赎回的操作，实现"用脚投票"的权利。因此，如果客户不能对资本市场的风险有正确的认识，必然会造成追涨杀跌的操作，资产管理机构也只能被动地采取各种进攻或者防御措施。因此，投资者教育会越来越重要。

三、推动了居民财富意识的觉醒

银行理财产品等产品的出现为居民财富管理"平静的湖面"投下了一块"巨石"，激发了居民财富意识的觉醒。

第一，拓展了居民投资的领域。改革开放以来，随着居民收入水平的不断提升，居民财富管理的需求也逐渐被激发出来。但是长期以来我国居民的财富管理主要集中于存款、国库券等较为单一的品种上。银行理财等产品的发行拓展了居民投资领域，促进了财富意识的觉醒。资产管理的发展与资本市场密不可分，20世纪90年底初，我国相继成立了深圳证券交易所和上海证券交易所，并发行股票。2001第一支开放式基金正式发行，普通投资者也可以参与股票、基金等产品的投资。2004年国内第一支理财产品发行，普通的个人投资者在满足5万元投资门槛等基础上，可以逐步参与理财市场的投资。相较于股票、基金等相对波动较大的投资品种，银行理财以其稳健、安全的特点得到了投资者的青睐。银行业登记托管中心的数据显示，截止到2020年底，我国银行理财市场的投资者数量达到了4162.48万人，其中个人投资者占比99.65%，达到了4148.1万人。

第二，提升了资产配置的理念。资产配置在我国还是一个比较新的概念，近几年才被提出并受到市场和投资者的重视，改革开放前甚至没有资产配置这个名词。当时资产配置主要是为了满足分散风险的需要，"鸡蛋不能放到一个篮子里"成为当时最普通也最流行的资产配置理念，但是大家对具体放在哪个篮子里，每个篮子放多少是没有概念的。随着我国经济的快速增长，居民收入的不断增加，我国居民的投资理财观念发生了很大的转变。尤其是银行理财产品的发行，推动了投资者投资方式的多样化，投资者发现在传统的银行存款、国债等业务外，还可以通过其他方式进行财富管理。随着时间的推移和金融产品的不断丰富，资产配置的概念才逐步形成起来。

第三，居民有了财富规划的概念。银行理财产品出现之前，居民主要的投资品种较为单一，可选择的投资标的较为有限。居民出于流动性的考虑更多选择不同期限的存款产品。但是理财产品的出现，让客户有了财富规划的概念。投资需要考虑如何将有限的资金，按照期限、风险、收益等的特点，匹配到不同的投资品种上，实现期限匹配、风险匹配、收益匹配等。

四、促进了资产管理市场的发展

第一，壮大了市场规模。在庞大的资产管理市场中，银行理财始终是最重要的组成部分。下图给出了资产管理市场规模和理财产品占比的数据，根据图表显示，2020年银行理财占全部资产管理市场的规模是20.41%，占比第一。并且从2014年以来的数据来看，占比一直保持在20%左右的水平。除2018年受资管新规转型的影响，占比19.4%，略低于信托20%的占比，其余年份一直是资产管理行业占比最高的行业。银行理财产品为整个资产管理行业的发展提供了巨额的增量资金，成为促进行业发展壮大的重要力量。

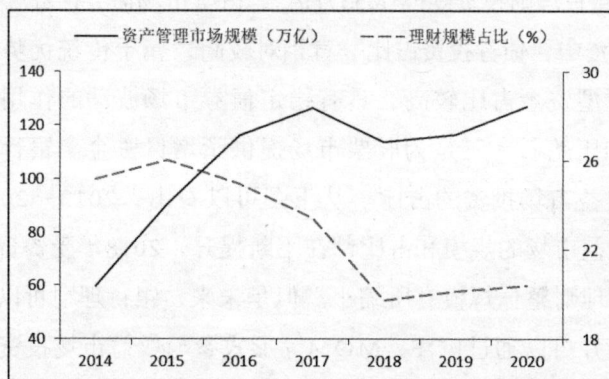

图5-2 资产管理市场规模及银行理财产品规模占比[1]

第二，丰富了产品类型。目前资产管理市场上各类产品种类丰富，为投资者提供了更多的选择，满足了投资者的需求。在这么多资产管理产品中，银行理财的出现，丰富了资产管理的产品类型。一是银行理财产品的种类在不断丰富。从投资方向上来看，除了传统的固定收益类产品，还设计研发了混合类、权益类产品，并且占比在逐步提升；从期限结构上来看，除了封闭式产品，还有定开型、周期型等不同的类型；从客户类型上来看，除一般投资者外，还区分了vip、银卡、金卡、钻石等不同的客户，分别享受差异化的金融服务。二

①　数据来源：wind统计数据、银行业理财登记托管中心发布的《中国银行业理财市场年度报告》《2020年中国财富管理行业白皮书》

是理财产品具有明显的特色：（1）起购门槛低，资管新规前是5万元起步，新规后很多产品是1元起购，广大的普通投资者也能参与投资；（2）投资风险小，银行理财产品投资风险偏好水平低，并且以债券类资产为主，整体产品运行稳健，收益水平比较有保证；（3）流动性较高，相较于其他投资品种，银行理财投资具有较高的流动性。封闭式产品和周期型产品锁定期较短，能满足客户短期投资需要。

第三，优化了市场结构。一是优化了投资者结构，由于理财产品起购门槛低、投资风险小、流动性较高，满足了普通投资者的需要，为普通投资者提供了资产管理的渠道，丰富了投资者的结构。二是债券市场的压舱石，wind统计数据显示，截止到2020年底，我国债券市场的规模达到了114万亿，位居全球第二。其中银行理财投资规模18.53万亿[①]，占全市场债券存量规模的16.25%。在银行理财投资中，债券投资占比一直相对较高，属于传统优势领域。并且银行理财配置型资金占比较高，具有稳定债券市场波动的作用，是债券市场的稳定器和压舱石。三是为股票市场提供了增量资金。银行理财近年来在不断提高权益市场投资的占比。从下图可以看出，2013—2018年，银行理财投资于权益市场的规模和占比都在不断提升，2018年受资管新规发布等的影响，银行理财整体规模有所缩小。但是未来，银行理财可以直接参与股票市场投资，并可以通过FOF、MOM等形式参与权益市场投资。银行理财会为股票市场提供更多增量资金，提高直接融资占比，优化融资结构。

图5-3　银行理财投资权益资产情况（2013—2020）

---

① 数据来源：银行业理财登记托管中心《中国银行业理财市场年度报告（2020年）》

第三节 银行理财面临转型

金融的本质是资金融通，它连接了普通投资者和实体经济两端，肩负着服务客户、服务实体经济的重要使命。随着金融改革的不断推进，利率市场化、金融脱媒化等进程的不断加快，尤其是资管新规发布后，资产管理行业面临着重大的调整和变革。这种行业的变更和调整，对银行理财业务发展提出了新要求，银行理财面临转型的压力。

一、产品类型需要丰富

金融产品在资产管理中具有重要的作用，是实现资产管理目标的重要手段，也是实现金融服务的重要抓手。但是目前银行理财产品还存在同质化较为严重的问题，千"行"一律。产品类型大多是以纯债类的产品为主，风险等级也主要集中在中低风险等级。银行理财不是根据客户的需求提供相应的理财产品，而是根据自身产品管理的体系和经验，研发设计产品，产品体系标准、单一，缺乏灵活性。很多产品采用滚动续发的模式，产品形态创新非常有限。无论是产品形态还是期限结构，都没有得到客户认可，难以满足客户个性化、定制化产品的需要，与真正意义上的资产管理还有很大的差距。

理财产品类型丰富和产品转型可以扩大资金规模，优化资金结构，为更好满地足客户财富保值增值的需要提供基础。长期以来，理财产品由于参与门槛低、投资风险低、产品收益稳定，受到了客户的青睐。在预期收益型产品运作模式下，客户更加关注理财产品收益的稳定性，回报的持续性，对产品形态、投资资产、市场变化等关心的比较少。但是随着理财产品净值化的转型，产品的收益表现与产品期限、形态、风险等级等挂钩。随着金融市场的发展，客户对于理财产品的需求也在不断提升，并呈现出差异化、个性化的特点。丰富产品类型才能充分满足不同客户群体的需要，才能迎合广大投资者的投资偏好。从产品端来看，一是要实现净值化，要实现从"类存款"模式向净值化的转变，彻底打破刚性兑付的类存款特征，实现专业化的发展。二是要实现差异化，面对资产管理市场的激烈竞争，银行理财机构一定要找准自己的定位，发掘自身的优势，突出差异化特征。通过发挥与母行的协同优势，提供增值的金融产品和服务。三是要实现多样化，要根据客户的特点建立相应的产品体系，不断丰富产品类型，优化产品结构，致力于打造产品超市，充分满足不同客户的理财需求。

二、投资结构需要优化

虽然理财资金投向实体经济的资金很多，但是仍然需要优化投资结构，将有限的资金投向实体经济最急需的领域和行业。理财产品的投资结构包括行业结构、品种结构、区域结构、期限结构等。从投资的行业和领域来看，结构是在不断优化的。从近几年的数据来看，银行理财机构基本能够配合宏观政策调控的指引，投资于重点监控行业和领域的资金量和占比均有所减少，资金投向与国家宏观调控政策基本保持一致。

从投资端来看，一是要稳健化，相较于公募基金、券商资管产品而言，银行理财具有稳健安全的品牌形象，银行理财要抓住这一优势，坚持审慎投资的理念，不断优化风控流程，为客户提供更加稳健持续的业绩回报。二是要大类化，从投资的品种结构来看，目前投资类型还较为单一，主要为债券及货币市场工具，较少投资股权类的创新性资产。银行理财需要突破传统的单一投资类型、同质性资产组合的业务模式，发挥内外部优势，为实体经济提供综合性的金融服务方案。银行理财产品的久期长于公募基金，这是商业银行理财产品的核心优势之一，商业银行可以通过多资产的配置平抑单一资产的波动，通过大类资产配置分散风险，而且从根本上来说，大类资产配置的策略远比捕捉短期交易机会更加重要。银行理财机构要改变资产投向过度集中于债券的现状，积极拓展国内外权益资产、商品资产、衍生资产等领域的投资，完善居民资产配置结构。三是要投研一体化，长期以来，银行理财对研究工作的重视程度都不够，很多研究都依赖于母行的相关研究部门，没有形成独立、系统的研究分析框架。这不仅体现在宏观研究方面，在策略研究、行业研究、信用研究方面同样缺乏。但是研究对于投资的重要性不言而喻，研究提升能力，研究创造价值，投研能力是体现银行理财机构核心竞争力的关键因素之一。当前银行理财迫切需要提升研究能力，并实现与投资的深入结合。

三、服务能力需要提升

长期以来，银行理财机构采用了预期收益型产品的模式，这一模式一方面对客户产生了很大的吸引力，另一方面也将其他的资产管理机构排斥在外。由于缺乏市场竞争，银行理财缺乏提升业务和服务客户的能力与动力。虽然我国理财市场自2004年就开始建立，但是发展近20余年，银行理财的整体服务能力仍然没有取得根本性的提升。随着资管新规的发布，资管规则大一统的时代即将到来，不同类型的资产管理机构，包括银行理财、公募基金、券商资管、保险资管、期货资管等都要站在同一个赛道中相互竞争。除此之外，随着金融领域的持续对外开放，银行理财还会面临国际资产管理机构的挑战。如果银行理财仍然裹足不前，必然会被市场和客户所抛弃。

面对日益激烈的竞争和挑战，为了能够在资产管理行业立足，银行理财机构需要打破制约自身发展的瓶颈，补齐自身发展的短板，不断提升服务实体经济和服务客户的能力。一是提升产品研发能力。要根据市场的发展和变化，深入挖掘客户需求，加强与同业竞争者的沟通交流，提升产品设计和发行的针对性，解决客户在理财中遇到的难点、痛点，为客户设计出更加多样化、个性化的产品，为客户提供更多选择的可能。二是提升营销推广能力。理财产品的销售是产品运作核心环节之一，长期以来，银行理财的产品类型单一，差异主要是体现在产品期限等方面。但是，理财产品类型的丰富、产品净值化的持续推进，要求银行理财销售人员要深入了解产品特点，包括产品基本要素、投资资产的范围、可能的风险、收益的测算等基本情况。做好客户的风险测评，做好投资者适当性管理，销售与客户风险承受能力相匹配的产品。同时要在合规的条件下，拓展和优化销售渠道，充分发挥新媒体在销售渠道中的重要作用。三是提升资产配置能力。这就要求银行理财投资人员要在掌握传统投资品种特点的基础上，关注市场中的创新品种，在产品说明书的投资范围内，拓展投资品种。在不同市场环境下，采取最优的资产配置策略。也要充分挖掘投资机会，优化产品管理的投资策略，为客户创造更多、更稳健的收益。

四、运作模式需要转变

银行理财业务是资产管理业务的重要组成部分，本质是代客理财，要坚持"买者自负，卖者尽责"的基本原则，投资者获取与风险水平相匹配的产品收益，而银行理财机构要勤勉尽责充分履行管理人角色。但是，产品净值化转型前，银行理财产品主要包括了保本理财产品、非保本预期收益型产品和少量的净值化产品。wind统计数据显示，净值化转型前，商业银行发行的保本理财产品占全部理财产品的比例接近30%，非保本理财产品虽然名义上不保证本金和收益，但是基本也是具有刚性兑付性质的预期收益型产品。少量的净值型产品很多也不是按照公允价值计量，成了所谓的"假净值"产品。可以说，资管新规前的理财产品，从运作模式上就难以实现客户风险自担，银行理财也难以实现代客理财，这种模式逐渐偏离了资产管理业务的本源。

为了适应新形势下资产管理业务发展的需要，银行理财需要做到运作模式的转变。一是要推进产品净值化转型，银行理财产品由预期收益率型向开放式净值型转化为大势所趋。银行理财要在净值化转型中，实现理财业务风险与银行经营的风险隔离，实现理财产品收益与投资资产的匹配，打破资金池运作模式，打破刚性兑付预期。二是加强投资者教育，培育投资者的投资风险意识，让客户真正意识到"理财有风险，投资需谨慎"的正确含义，真正成为具有投资分析能力和风险承受能力的投资者，实现收益自享、风险自担。三是要实现理财业务以产品为中心向以客户为中心的转变。目前银行理财产品的运作模式还是以产品、销售为中心，业务的起点和出发点不是客户的需求，而是资产管理机构的惯性，这种模式完全不能适应新形势下资产管理的需要。以客户为中心是资产管理业务的核心，分析和挖掘客户的需求，并提供个性化的金融产品和服务是资产管理机构的基本职能。要转变理财产品市场供需的定位，目前不再是商业银行推销什么理财产品，客户就会选择什么产品的时代，净值化转型后，客户面临的选择会更多，银行理财机构需要转变观念，从以产品为中心向以客户为中心转变。银行理财相关部门要做好配合，尤其是产品销售部门和市场宣传部门要加强对于客户需求的调研、挖掘，将调研的结果和市场的动向及时反馈产品研发和投资部门，按需定制产品，实现精准定位、精准营销和精准管理，全面提升客户体验。

五、机制体制需要完善

业务和运作模式的转型，带来了体制机制的变革。从监管体制上来看，我国银行理财的监管制度还有待完善。银行理财市场长期以来存在着刚性兑付、期限错配、资金池运作、多层嵌套等问题。资管新规建立了统一的资产管理规则，对各类资产管理机构开展资产管理业务进行了约束和规范，并且设定了整改期和过渡期。目前净值化转型正在逐步推进，产品改造、系统升级、资产整改都在推进中。银行理财机构必须充分考虑和估计到转型中可能存在的困难和压力，做好体制机制的转型，同时，也要做好客户的适当性管理和加强投资者教育，这些都是"功在当代，利在长远"的事情，目前来看，仍然任重道远。监管在资产管理行业的变革和转型中，也要做好转变，以适应新形势下监管的需要。

从管理体制上来看，银行理财运作模式的转变对整个产品的管理和运作都提出了更高的要求。但是目前来看，银行理财还存在定位不清晰、分工不明确、风控不科学、协调不通畅等问题。迫切需要转变管理体制来适应新形势下资产管理发展的新要求。一是管理体制需要更加灵活，能够充分满足市场化资产管理机构资产投资、产品管理等的需要。二是管理模式需要更加科学，能够充分与市场发展的趋势相契合。三是管理体制要更加精细，不能再采取以往粗放的管理模式，必须实现管理的精细化、精准化。

从企业文化上来看，银行理财脱胎于商业银行，具有明显的信贷文化、体制文化的痕迹。但是这种文化理念和模式与专业的资产管理机构的运作模式是不相适应的。市场化的专业资产管理机构更加强调业绩导向，通过绩效激励员工发挥主观能动性，促进机构的市场化发展、专业化发展。另一方面，银行理财也有自身的优势，比如在合规建设和流程体系方面都积累了丰富的经验，银行理财要坚持自身优势，坚持合规文化的建设，实现稳健经营。除此之外，银行理财与母行还有千丝万缕的联系，必须发挥业务的协同性，打造协同文化。

第四节　本章小结

　　银行理财业务是我国资产管理市场的重要组成部分，在资产管理发展中发挥了重要作用。不论从管理规模，还是从客户群体来说，银行理财在资产管理市场都占有突出位置。在长达近20年的发展中，银行理财实现了居民财富的保值增值，提升了投资者教育的水平，推动了居民财富意识的觉醒，同时也促进了资产管理业务的发展。当然，银行理财在发展中也积累了很多问题，目前也面临转型的压力和挑战。但是"冰冻三尺非一日之寒"，银行理财面临的问题是行业十几年发展积累下来的，产品形态、投资结构、服务能力、运作模式、体制机制等都需要调整和优化。

　　除此之外，银行理财在基础设施和人才建设方面也存在很大的短板，很多问题亟待解决。从基础设施上来看，虽然当前金融科技发展迅速，互联网、大数据、人工智能等新技术逐渐被引入资产管理行业，而且资产管理机构的能力和效率不断提高，。但是我们也看到当前金融科技与业务的融合并不深，人工智能、大数据等技术目前还处于探索阶段，以云架构、云计算、大数据等为核心的金融科技并没有完全建立起来，金融科技赋能资产管理业务的效果还不明显，这一点在银行理财机构表现得更加突出。目前谈所谓的智能投顾、智能量化、智能分析还为时过早。从人才储备来看，银行理财业务与传统的信贷业务之间还是有明显差别的。作为资产管理行业的重要组成部分，银行理财需要满足客户个性化和定制化的金融服务需求，为客户提供更加多元化的金融产品和服务方案。这些新的发展趋势对银行理财从业人员提出了更高的要求。银行理财从业人员需要具备专业的金融知识、出色的营销能力、过硬的管理能力等综合素质。但是，由于银行理财行业起步较晚，专业技术人员比较缺乏，人员的能力也有待提升。因此，不论是技术还是人才，银行理财都面临提升的压力。

　　银行理财在资产管理行业的发展中肩负重要的使命，承担着服务客户、服务实体经济的重要任务。监管和市场对银行理财也寄予厚望。因此银行理财要抓住资管新规后"净值化"转型的契机，转变发展模式，提升专业能力和水平，根据自身定位，寻找适合自身发展的模式和道路，在这一轮竞争和发展中赢得自己的一席之地。

第六章　商业银行理财业务组织变革

随着《商业银行理财子公司管理办法》的颁布，理财子公司相继成立。理财子公司顺应了资产管理行业发展变革的趋势，它的成立具有重要的意义。回顾商业银行理财部门组织机构变化历程，我们可以发现理财子公司的成立有助于加强表内表外的风险隔离，有助于促进资管行业的监管统一，有助于实现居民财富的保值增值，也有助于提升服务实体经济的能力。理财子公司要在产品端坚持净值化、客户化、差异化的发展定位，在投资端也要坚持稳健化、大类化、投研一体化的发展导向。

第一节　引言

2018年12月银保监会发布《商业银行理财子公司管理办法》，鼓励商业银行设立理财子公司开展资产管理业务，并在政策上有很多的支持。商业银行成立子公司的热情也非常高，银保监会网站的相关统计数据，截止到2020年底，我国已经有24家理财子公司获批筹建，其中20家已经正式开业。虽然成立的家数不多，但是以国有大型商业银行、股份制商业银行以及头部的城市商业银行、农村商业银行为主，因此，整体上看，理财子公司发行和存续的产品规模占比相对较高。中国理财网的统计数据显示，截止到2020年底，理财子公司发行的产品存续数量为3627支，金额6.67万亿元，占全市场的比重为25.79%[①]。成立一年左右，理财子公司发行产品的占比已经超过市场规模的25%，增长迅速。

---

① 存续产品中同时包含母行划转的理财产品，占比约为 60%。

得益于经济的快速增长、居民财富的不断积累，我国已经形成了长期稳定增长的资产管理市场。从发达国家的经验来看，资产管理业务规模一般是GDP规模的两倍左右。而根据人民银行披露的数据，2020年末，资产管理业务规模126.7万亿，2020年底我国GDP总量为101.6万亿，资产管理业务的规模占GDP的比重为124.7%。目前，我国商业银行资产管理的规模还相对较小。根据国家统计局的数据显示，截止到2020年末，我国银行业金融机构总资产319.7万亿元，而银行业理财产品余额仅占银行业总资产的8.09%。从以上对比数据和发达资产管理市场的经验来看，我国资产管理市场的潜力依然巨大，在未来相当长的时间内，资产管理规模仍将保持强劲扩大。

商业银行是我国金融体系的核心，其理财业务在资产管理业务中也起到了至关重要的作用。资管新规和理财子公司管理办法发布之前，理财产品的规模就占据了我国资产管理市场的近半壁江山。wind统计数据显示，截止到2020年末，我国银行理财市场规模达25.86万亿元，占全国资产管理行业总规模的四分之一，如果考虑与其他非银资管机构开展委外等业务合作的部分，银行理财实际规模占比将超过40%，是我国资产管理行业的绝对主力。

从国际经验来看，商业银行设立子公司等独立的法人机构专业从事资产管理业务是通行做法。截止到2020年底，全球前20大的资产管理机构中，半数以上是银行系资产管理机构。与其他资产管理机构相比，商业银行在客户资源、账户体系、业务协同、品牌声誉等很多方面具有明显的优势。商业银行理财子公司开展理财业务符合行业发展的规律，在促进资产管理发展方面也肩负着重大的使命。

随着资管新规和商业银行理财子公司管理办法的发布，商业银行理财子公司的成立不但受到了监管的鼓励和支持，也受到了很多商业银行的推崇。那么商业银行理财业务组织变革的历程是什么，子公司的成立又具有哪些积极的意义。在理财子公司不断成立发展的背景下，回答这些问题具有非常重要的现实意义。

第二节　组织机构变动回顾

21世纪初，商业银行开始经营理财业务。在近20年的发展中，银行理财业务不仅创新了产品形式，还对组织形式进行了几次调整。

一、第一阶段（2004—2008 年）：表内外不分家

改革开放以来，随着我国居民收入的不断增长和资产管理市场的不断发展，尤其是资本市场的逐步建立，催生了资产管理的第一波浪潮。以公募基金为代表的资产管理机构在这次资产管理市场发展中扮演了重要的作用，而我国商业银行也逐渐参与到资产管理业务中。2004年光大银行推出了我国首支外币理财产品——阳光理财A计划系列产品，包含了3个月、6个月、1年和3年期限四款产品。同年9月份，光大银行又推出了首支人民币理财产品——阳光理财B计划系列产品，包含了半年和1年两款，税后收益率分别比定期储蓄存款高出30%和40%，具有明显的收益优势，受到了客户的青睐。2004年也被称为中国银行理财产品诞生的元年。

理财业务的诞生是商业银行和投资者供需两端共同作用的结果。从商业银行端来看，商业银行需要不断扩充规模，发展业务，但是受制于资本金的问题，贷款业务受限，而商业银行理财业务不同于贷款业务，是不计入商业银行资产负债表的，属于表外业务，不占用资本金，因此，银行理财业务成了商业银行提升规模的重要方向。从客户端来看，2000年以来商业银行存款利率不断下调，2004年1年期存款利率为2.25%，但同时期居民消费价格指数在2004年8月份达到了5.3%，居民财富保值增值的需求和意愿强烈。在此基础上，理财业务得到了发展，成为商业银行和客户关注的重点。但是，理财业务诞生之初为了实现客户的平稳过渡采取了预期收益型的模式，这也为后面的刚性兑付埋下了隐患。

二、第二阶段（2009—2014年）：理财业务专营

随着理财业务的规模不断扩大，银行理财也积累了很多的问题，突出表现在表内外业务的混同。商业银行理财业务部门与表内金融市场业务基本上属于同一部门，或者隶属于金融市场部下设的二级部门，表内外业务无法实现完全隔离。为了加强表内外业务资金的隔离，监管机构鼓励商业银行设立专门的部门从事资产管理业务。2009年7月工商银行资产管理部正式成立，成为最早在总行层面设立资产管理部门的商业银行，也是国内最早实现理财业务向资产管理业务转型的商业银行。资产管理部的成立实现了商业银行理财业务的统一集中管理，从产品设计、产品投资到产品运作都有专营机构负责。继工行之后，兴业银行、交通银行、光大银行、农业银行、北京银行先后成立了资产管理部。2014年之后，商业银行成立资产管理部的步伐越来越快，国有商业银行、股份制商业银行、部分城市商业银行和农村商业银行纷纷成立了资产管理部门。

成立资产管理部的主要目的是隔离表内外业务，防止发生风险传染。在这一时期，根据银保监会的要求，商业银行应当将表内信贷业务和表外理财业务分开管理，归口专营部门，建立单独的组织体系；单独建账管理，建立单独的业务管理体系；强化全流程监管，建立单独的业务监管体系。这一阶段商业银行资产管理业务最大的风险是表内外业务混同的风险，资产管理部的建立是推进业务隔离的重要一步，同时也进一步推动了商业银行理财业务向专业的资产管理机构转变。

三、第三阶段（2014—2018年）：事业部制改革

商业银行理财业务事业部制改革发端于2014年，在当年召开的中国财富管理高峰论坛上，原银保监会创新部主任王岩岫再次强调了表内外业务的分离，要求进一步推动商业银行理财业务的治理体制改革，在商业银行自营资金和理财资金之间建立有效的防火墙制度。2014年7月，银保监会下发了《关于完善银行理财业务组织管理体系有关事项的通知》，进一步就完善商业银行理财业

务组织管理体系提出了指导意见。建议商业银行由总行牵头设立理财业务事业部，在事业部制下，实现理财业务的统一，包括产品设计、成本核算、风险控制等。2014年，交通银行在整合原资管部业务的基础上成立了资产管理业务中心，进行了事业部制改革，实现了人、财、物等的相对独立。农行也计划将资产管理部作为业务单元或者利润中心，向事业部制改革迈进。

商业银行理财机构事业部制改革，本身的目的仍然是基于理财业务和表内信贷业务的隔离，并在此基础上实现更高程度上的自主决策权、独立经营权。具体来看事业部制改革具有以下优点：一是在授权范围内具有一定的经营决策权和经营管理权；二是在风险识别、风险评估、风险缓释和风险条线管理等方面具有单独明晰的体系；三是具有一定的人、财、物等资源的自主支配权；四是具有一定的人事聘任、任免权，具有相对独立的考核和激励机制。事业部制是在资管部的基础上进行的有益探索和尝试，相较于资管部而言走得更远一些。

从银行理财业务事业部制改革的情况来看，进展并不顺利。目前全国性的商业银行也只有交行、农行进行了事业部改革，并未在全国商业银行中掀起改制的浪潮。主要是以下因素导致：一是商业银行的管理体制问题。商业银行总行一般是承担管理职能，而分支行主要承担业务职能，事业部制要求建立相对独立运营的条线，这会导致总行与分支行管理与经营职能上存在矛盾。二是业务资源问题。商业银行理财业务中收入较高的资产主要是来源于非标准化业务，但是这部分业务主要是掌握在分支行手里，资产管理业务事业部要实现业务整合存在压力；三是客户资源问题。从总行来看，主要是对接同业客户及少量的大型机构客户，个人客户和大量的一般客户是掌握在分支行手里的，而资产管理事业部由于利益分配问题，无法实现销售业务的相对独立，无法掌握核心业务资源，影响了理财事业部的利润创造效应。

四、第四阶段（2018 年—至今）：业务完全独立

2018年资管新规发布，同时作为配套政策，银保监会又发布了《商业银行理财业务监督管理办法》，办法规定，商业银行应该设立具有法人地位的理财子公司开展理财业务，暂不具备条件的应该由商业银行总行设立专业的部门

开展理财业务，对理财业务进行统一管理。2018年，建设银行和中国银行作为第一批申请成立理财子公司的商业银行，子公司设立申请获得了银保监会的批准。随着2019年建银理财、中银理财等的相继成立，商业银行掀起了成立理财子公司的热潮，2019年也被称为理财子公司元年。

理财子公司的成立顺应了资产管理行业发展和监管的要求，具有客观必然性。理财子公司的成立将会加速推动理财产品由类存款向真正的资管产品转型，有助于打破刚性兑付和隐性担保，规范信息披露，提升产品透明度。

可以说，在我国资产管理和财富管理市场发展的每个关键节点，商业银行资管机构都在积极主动应对问题、调整组织形式。从最初成立专营机构，到后面逐渐成立资产管理部、事业部改革，最后成立具有法人地位的理财子公司，商业银行理财业务逐渐走向独立，与表内业务逐步隔离。

第三节　子公司成立的意义

商业银行在金融体系中具有着重要作用，多元化的业务基础和庞大的客群使其在金融市场的定价中扮演着重要的角色，在资产管理市场中同样如此。在产品创设、资产定价和产品销售方面，商业银行具有天然的优势。推进理财业务独立化运营是提高理财业务发展水平的内在需求，有助于提升商业银行的市场化水平和竞争能力。从政策导向来看，商业银行理财子公司的成立代表了未来商业银行开展资管业务的新范式，是商业银行理财业务发展的一次大胆的尝试和探索，监管政策整体上还是持有鼓励态度的。理财子公司的成立不论是对实体经济、监管机构、商业银行还是理财客户而言都意义重大。

一、推动表内表外风险隔离

理财子公司的成立对于商业银行而言，最直接的作用是有助于在业务层面实现表内外的风险隔离，是打破刚性兑付的制度保障之一。商业银行由于资产规模大，业务发展关系国民经济各个方面，是整个金融体系的基础和核心，因此，它的健康稳定发展不论是对于金融市场还是国民经济而言都至关重要。随着利率市场化进程的不断推进，商业银行之间的竞争加剧，为了推动业务发展，也为了满足实体经济发展的需要，商业银行理财业务应运而生。理财业务的产生和发展有其客观必然性，但是理财业务产生后导致的最大问题就是表内外业务的混同。并且，由于刚性兑付的存在，商业银行表内实际上实现了对表外业务的兜底。另外，表外业务由于不受表内业务的监管，一旦发生风险，极易传导到商业银行表内，威胁商业银行整体的运行安全。

近年来，随着商业银行资产管理部成立、资产管理业务事业部制改革再到最后成立理财子公司，商业银行表内外业务的隔离逐步实现。尤其是理财子公司的成立，使得商业银行理财业务成为一个完全独立的板块，能够实现自主管理、自负盈亏、自担风险。商业银行通过内设部门开展理财业务，无法真正实现表内外业务的隔离，容易导致表外风险向表内的传导。但是理财子公司作为独立法人在风险隔离方面具有明显的优势。一是母行对子公司兜底难度增加。由于理财子公司已经成为独立的法人，即使子公司发生兑付风险，母行有兜底的意愿，但是由于缺少合理有效的救助手段，刚性兑付能力将会大大下降。当理财子公司认识到刚性兑付的模式难以维系的时候，会更加主动地推进理财业务的净值化管理，有助于实现风险的防范和化解。二是兜底意愿降低。商业银行在理财业务上实行刚性兑付、业绩兜底，本身是与我国商业银行资产管理业务发展的特定阶段密切相关的。我国商业银行理财客户基本是由存款客户转化而来的，面临着同业之间的竞争，如果不实行兜底，则无法留住客户，可能会面临市场份额的下降、商业银行声誉受损等问题。理财子公司的成立则打破了这一状态，从某种程度上实现了母行与理财业务的分离。母行不必再为产品的兑付背负声誉风险，子公司净值化管理也会打破客户预期。客户不再认为商业银行会为理财子公司的潜在亏损兜底，理财子公司也没有办法理直气壮地认为母行会帮助自己实现刚性兑付。三是内部交易转化为关联交易。理财子公司成立前，资产管理部只是商业银行的一个内设部门，当发生潜在损失和风险时，商业银行对理财业务进行必要的救助属于内部资金调配，是不涉及关联交易的。但是理财子公司的成立使得这种内部资金调配外部化，母行对理财子公司的任何交易行为都会构成关联交易，会受到严格的监管。

在实现组织机构独立的基础上，理财产品也在逐步推进净值化管理，打破刚性兑付，避免风险的不断累积。2014年12月初，银保监会下发《商业银行理财业务监督管理办法（征求意见稿）》，开始推动预期收益型产品向净值型产品转变，理财子公司的成立将会加速这一进程的演进。在风险隔离基础上，实现风险的释放。从长远来看，理财子公司的成立和净值化转型将会促进商业银行的长期稳定健康发展，有利于巩固商业银行的规模优势和品牌优势。

一、促进资管行业监管统一

理财子公司的成立对于监管机构而言，有助于实现资管业务监管的统一。资产管理业务不同于传统的信贷业务，它具有业务环节多、产业链长、交叉业务多等特点。但是由于我国的金融监管主要是采取机构监管的方式，同样的业务在不同的机构下开展，适用的监管标准不同，导致了监管漏洞的产生，由此引发了资管业务层层嵌套等问题。理财子公司的成立则让理财业务脱离了商业银行的直接管理，让理财子公司成了商业银行下的"非银行金融机构"，有助于实现监管规则的统一。

第一，有助于确定商业银行理财产品的法律主体地位。2018年银保监会发布的《商业银行理财业务监督管理办法》，强调理财产品是商业银行向投资者支付的不保证本金和收益水平的非保本产品，商业银行理财产品独立于自有资金，因理财产品发生的各项财产收入和支出全部归理财产品所有。这一办法虽然进一步厘清了理财产品的定位，为净值化转型提供了法律依据，但是并没有从根本上确定理财产品的法律主体地位。理财子公司的成立则明确了理财产品获得的与基金产品、券商资管产品等同样的法律主体地位，标志着理财子公司可以不受《商业银行法》的限制，独立地开展理财业务。作为新兴的"非银行金融机构"，银行理财产品获得了与其他资管产品公平开展竞争的机会，银行理财子公司可以站在一条接近"统一"的起跑线上，与其他资产管理机构开展相互竞争与合作。

第二，有助于理财业务解决层层嵌套的问题。理财子公司成立前，银行理财开展部分业务是受到商业银行法的限制的。无论是在资产管理部还是资产管理事业部的组织形式下，由于缺少独立的法律地位，银行开展类似的业务只能通过与信托、券商、基金等合作的方式才能实现，尤其是商业银行业务中占比较大的非标业务，只能依靠通道、委外等方式才能开展。这一方面导致商业银行理财业务需要承担很大的费用损耗，降低了理财产品的收益水平；另一方面也助推了通道、委外业务的增长，产生了层层嵌套的问题。理财子公司的成立，使得商业银行理财业务部门获得了独立的法人地位，可以独立开展相关业务，减少了对通道、委外等业务的依赖，有利于建立相对公平的市场竞争机制。

第三，可以进行专门的监管。理财子公司成立前，无论是资产管理部、资产管理事业部还是资产管理业务中心等，都只是商业银行的一个下属组成部门。监管无法在商业银行监管层面下，对一个部门业务进行专门的监管，出台政策的针对性较差。作为商业银行的一个组成部门，由于没有独立的治理结构、独立的财务数据等，数据披露的真实性、有效性都会大打折扣，监管也无法进行全面专业的监管。缺少专门独立的监管造成了监管标准的不统一，监管存在漏洞。理财子公司成立后，作为一个独立的法人机构，监管可以采取更具针对性和专业性的监管。可以通过设定一系列的指标，对公司的治理能力、信用风险、流动性风险、市场风险等进行全方位的监管。同时理财子公司的成立，也提高了信息披露的质量和水平，可以充分发挥市场监管的作用，提高信息透明度和监管的有效性，有利于商业银行理财业务的健康发展。

三、实现居民财富保值增值

理财子公司的成立有助于提升专业服务能力，能更好地实现居民财富的保值增值。商业银行理财子公司的成立是商业银行资产管理业务向专业化转变的重要标志，是推动商业银行转型发展的重要路径。

第一，有助于提升风险管控能力。商业银行理财客户整体的风险偏好较低，投资经验不足，风险承受能力一般，投资理财的目的主要是通过理财实现财富的保值，最基本的要求是不受通胀的影响，不会出现缩水。因此，保证理财业务投资的安全性，防范各类风险对于银行理财而言更为重要。与传统的信贷业务不同，商业银行理财业务作为资产管理业务的一部分，投资的资产类型丰富、形态多样，并且没有传统信贷抵、质、押等增信措施，整体风险水平较高。子公司成立前，商业银行对理财业务风险的管理和把控，还是采取传统的类信贷业务模式，商业银行的理财业务的专业水平难以得到真正的提升。加上银行理财资金池运作、刚性兑付等模式的存在，实际上将信用风险隐性化，累积在大的池子产品中，累积在商业银行体系中。但是随着理财业务的净值化转型，传统风控模式将难以适应市场化资产管理机构发展的需要。理财子公司的成立将会彻底打破传统类信贷的模式，单独建账、单独核算、单独管理的要求，一旦出现违约，对产品运作将会是致命的打击。这将倒逼理财子公司提升专业能力，尤其是提升风险把控能力。

第二，有助于提升产品研发管理能力。资管新规之前，相较于其他类型的资管产品，银行理财具有保本保收益、投资周期短等明显的优势，对商业银行的低风险客户具有较高的吸引力。但是，随着监管规则的逐步统一，这些政策上的差异和优势会逐步减少。随着居民收入水平的不断提高，财富管理意识的不断觉醒，居民财富管理的需求也在不断升级，并且呈现出明显的差异。普通理财客户可以承受一定程度的风险，并在此基础上获取相应的投资回报，因此，主要关注风险适中、收益稳健的产品。高净值客户在财富管理方面积累了一定的经验，对资产管理机构的专业性和个性化要求较高，希望能够提供综合的财富管理解决方案。超高净值客户更加关注家庭财富的传承，希望能够提供多样化、一站式的财富管理服务。这些差异化的财富管理需求，对资产管理机构提出了更高的要求。

稳健的收益、个性化的产品、定制化的服务、一站式的解决方案，单纯依靠一个没有实现完全独立的商业银行部门是难以实现的。理财子公司的成立，使得商业银行理财业务向专业化的方向又迈进了一步。在资产管理部或事业部下，商业银行的理财产品种类有限、服务手段单一，理财部门也没有压力和动力去提升产品研发管理能力。理财子公司成立后，和其他资产管理机构基本处于同一起跑线上，随着监管规则的逐步统一，处于同一赛道上的各类机构之间的竞争不可避免。机构之间的竞争最核心的还是产品的竞争，产品的表现决定了客户的去留，也决定了资产管理机构未来发展的好坏。

在政策的支持和市场竞争的压力下，理财子公司会不断深化资产管理服务，从产品销售为中心向客户服务为中心转变，会不断丰富产品种类、完善产品体系、拓宽销售渠道，推动产品研发和管理能力不断提升。

第三，有助于提升资产配置能力。一是非标准化投资受到的限制减少。理财子公司成立之前由于受到商业银行法的限制，很多的非标业务都需要通过机构合作才能开展，子公司成立后，理财产品具有了独立的法律地位，理财子公司也逐步被定义为"非银行金融机构"，在开展非标业务方面受到的限制减少，可以大大降低通道类的费用和交易成本，提升了产品配置的自由度。同时在政策监管方面，也取消了非标投资占总投资额比重不超过4%的限制，具有明显政策上的优势。二是理财子公司投资股权类资产的限制减少，甚至可以直接参与二级市场股票交易，在商业银行理财传统的债权类资产外拓展了股权资产的投资，大大提高了理财子公司可投资标的的范围。三是在商品和衍生品投资方面，理财子公司也在加大配置力度，当前主要的投资目的是对冲风险。

为了提高产品收益，降低产品波动，理财子公司在传统的纯固收类产品外，增加了资产配置的种类，形成了"固收+"产品、混合类产品等不同的产品形态。中国理财网的统计数据显示，2020年理财子公司发行的混合类产品达到了525支，商品及衍生品类产品也实现了从0到1的突破。未来理财子公司将以固收、非标资产为基础，发展FOF、MOM、量化衍生等不同种类的产品，以满足客户差异化的投资需求。

四、增强服务实体经济能力

资产管理业务在实体经济和理财客户之间架了一座桥，一方面要为客户创造稳定收益，另一方面也要为实体经济提供资金支持。从理财业务发展的实际来看，银行理财在支持实体经济方面也一直发挥着积极作用。银行业登记托管中心的统计数据显示，截止到2020年底，银行理财资金通过债券和股权类投资累计为实体经济提供资金22.21万亿，尤其是债权类投资规模达到了18.5万亿元，投资非标资产规模3.15万亿，有效地支持了实体经济的发展，在满足企业融资需求、抵御疫情冲击等方面发挥了积极作用。

近年来我国经济结构不断升级优化，产业结构也在不断调整变化，对传统的融资模式和方式也发出了巨大的挑战。传统的融资模式是以抵、质、押为代表的银行间接融资，这种模式对企业的固定资产规模等要求较高，而传统的工业行业具有资产规模大、经营风险小等特点，恰恰满足了这种融资模式的要求。随着新经济、新产业的不断产生，以数字经济、网络通信、人工智能、大数据、区块链为代表的新经济风起云涌，对传统的工业行业产生了巨大的冲击和挑战。与传统行业不同，新产业处于产业生命周期的初始阶段，资产规模小，经营风险高，传统的融资模式无法满足这类行业企业的融资需求。重抵、质、押的融资模式扭曲了金融供给的结构，造成了金融供给在新经济领域的抑制与传统领域的过度并存，金融供给的结构性矛盾非常突出。为了适应新经济的发展，需要加强金融供给侧改革，不断完善当前的金融体系，构建与新经济发展相适应的融资模式。因此，在金融供给侧改革中，不仅要创新融资模式，也要实现产品创新、结构优化和机构变革。尤其需要在传统的商业银行体系外，建立专业化、差异化、个性化的资产管理机构。理财子公司的成立就顺应了经济结构调整和金融供给侧改革的需要，理财子公司肩负了银行业回归本源、加强风险管控、引导资金支持实体经济的重要使命。商业银行理财子公司成立后，对实体经济的支持能力会进一步增强。

第一，理财子公司成立后，产品和投资的差异化会更加明显。传统信贷难以满足新经济发展的需要，除了抵、质、押外，与信贷资金的特点密切相关。信贷资金主要来源于居民和企业事业单位的存款，资金的风险偏好极低，在投资上主要是集中于低风险的项目。相较而言，理财子公司在完善融资体系方面具有天然的优势。理财资金属于表外资金，可以根据客户的风险偏好选择不同风险等级的项目进行投资，既可以满足客户的投资收益需求，又可以满足不同企业的融资需要。尤其是理财子公司成立后，产品的个性化、定制化特点会更加明显，风险区分度会进一步增加，在支持不同类型企业融资方面将会发挥更加积极的作用。

第二，理财子公司成立后，股权类等资产的投资比重会上升。从目前理财产品的投向上来看，主要还是以固定收益类资产为主。但是随着理财子公司的成立，越来越多的理财资金会通过各种方式进入权益市场、商品类市场。目前理财子公司主要是通过FOF、MOM等形式参与权益市场，部分能力较强的理财子公司已经开始直接参与股票市场的投资和私募股权市场的投资。截止到2020年底，固定收益类理财产品投资余额21.81万亿，占比84.34%，混合类产品占比15.36%，权益类产品占比0.3%[①]。虽然权益类占比规模仍然较小。但是，

---

①　数据来源：中国银行业理财市场年度报告（2020 年）

随着理财子公司的不断发展壮大，会有更多的理财产品投入权益市场和商品市场，为资本市场提供长期稳定的资金，支持实体经济的发展。

第三，理财子公司成立后，理财产品的投资期限会拉长。对于实体经济而言，融资主体需要的资金普遍较长，短期限的理财难以满足实体经济的需要。资管新规发布以来，产品净值化转型的压力不断增加，银行理财为了满足净值化转型的需要，期限有不断拉长的趋势。根据银行业登记托管中心的统计数据显示，2020年新发型理财产品的平均期限为228天，较上年增长了30天，期限在1年以上的理财产品占比37.86%，较上年增长了5.7个百分点。长期限产品的占比不断提升。相比较而言，短期限产品的占比则不断下降。截止到2020年，3个月以下的封闭式产品金额较上年下降63.67%，仅占全部理财产品的0.59%。理财子公司成立后，对新发行产品的合规要求更高，同时为了提供更加稳健的收入和采取更加灵活多样的投资策略，理财产品长期化的倾向会更加明显。中国银行业理财市场年度报告（2020年）的数据显示，截止到2020年底，24家新成立的理财公司，存量发行的理财产品中，期限在一年以上的占比高达78.4%，比行业平均水平高出42.2%。长期限的理财产品能更好地满足实体经济融资的需要。

除此之外，理财子公司还能在专业化发展的基础上加强与母行的协同，通过联合银行表内信贷资金和证券、基金等非银金融机构的资金，为客户提供多元化的融资需求解决方案，满足金融支持实体经济发展的需要。

第四节　本章小结

理财业务的需求仍处于快速增长和发展中，目前理财业务员规模很大，以后规模会更大。理财子公司在资产管理中担负的责任是重大的，监管给予厚望。理财子公司的成立贯彻了统一监管的理念，促进了表内表外分业经营的模式，这既符合理财产品净值化转型的需要，也给理财业务的发展带来了重大的机遇。本章在回顾商业银行理财业务组织变革的历程后，分析了理财公司成立的意义。随着理财子公司的成立，商业银行理财的组织结构出现了重大的调整和变化，理财运营的模式也发生了翻天覆地的变化。为了应对这种组织形式的变化，理财公司要做好以下几点：

一、构建框架体系。理财公司成立后，面临组织机构、体制机制等的重建。理财公司需要在制度、流程、人员、系统等方面不断优化调整，建立适应资管市场发展变化的体制机制、薪酬制度、系统流程等。在组织框架体系的搭建过程中，要结合母行战略定位，同时坚持市场化发展的方向。

二、防范化解风险。随着理财公司的成立，商业银行理财的组织结构出现了重大的调整和变化，理财运营的模式也发生了彻底的变化。银行理财要坚持代客理财的基本定位，回归服务实体经济的本源，打破刚性兑付，防范化解系统性风险。要实现"卖者尽责，买着自负"，让存款的回归存款，让市场的回归市场。同时加强与母行在资金、人员、系统等的风险隔离，避免风险向银行表内的传染。

三、提升管理能力。资管新规的发布和理财子公司管理办法的出台，对商业银行开展理财业务提出了更高的要求，尤其是在专业化方面要求会进一步提高。在净值化转型的过程中，行业之间的竞争会不断加剧，优胜劣汰的马太效应会逐步显现，产业集中度会有所提升。中国银行业登记托管中心的统计数据显示，目前发行非保本理财的商业银行已经由资管新规发布前的2017年末的562家降到了2019年的384家，2020年又进一步下降到了331家。未来银行理财机构集中化的趋势还会持续一段时间。理财公司要改变过去粗放的以规模为目标的发展模式，不断提升发展的质量。通过丰富产品类型满足客户需要，通过提升投研能力为客户创造更多收益，通过风险控制降低风险，通过科技系统提升效率和能力。在服务客户的过程中，为支持实体经济发展提供更多支撑。

第七章 理财子公司的优势和劣势

2018年商业银行理财子公司管理办法正式颁布，该办法的出台不仅对商业银行资产管理业务以及组织形式产生了重大影响，对于整个资产管理行业也产生了深远影响。2019年商业银行理财子公司相继成立，作为独立的企业组织形式，理财子公司面临着转型的压力，也面临着来自同业的竞争和挑战。面对压力和挑战，理财子公司的优势和劣势决定了未来发展的方向和潜力。

第一节 理财子公司的优势

理财子公司以商业银行资产管理部门为基础发展而来，其最大的优势就是母行的背景。理财子公司的优势主要体现在以下方面：品牌优势、资金优势、渠道优势和团队优势。

第一，品牌优势。理财子公司是由原来的商业银行资产管理部划转而来，天然带有母行的基因和业务基础。虽然理财子公司具有独立的法人地位，但是还是与母行具有密切的联系，承接了母行的品牌资源。这种品牌资源，使理财子公司发行的产品更易于获得客户的认可。对于普通的投资者来说，短时间还不会将理财子公司的信誉与商业银行之间进行明确的切割和区分，并且理财子公司的运营团队、管理机制等和商业银行一以贯之，这些特点使得理财子公司更容易获得客户的认同。因此，依托母行的品牌资源，理财子公司在资金募集方面具有很大优势。另外，在与市场机构合作方面，理财子公司还能依靠母行的品牌资源，开展各类投资业务，与同业机构之间开展相关合作，使得理财子公司具有了坚实的平台基础。

品牌资源优势是理财子公司"天生"具有的，为以后的业务发展带来了很多的优势，但是品牌优势并不一定会一直持续下去，百年招牌能够吸引客户，靠信誉也靠实力。后期投资者和同业机构与理财子公司开展合作还是要看理财子公司的经营业绩，只有为客户带来持续稳定的收益，才能赢得客户的长期信赖。"打铁还需自身硬"，只有树立自身品牌，才能持续经营下去。当前理财子公司要抓住有利时机和特殊优势，珍惜品牌资源，加强能力建设，保持稳健经营，将金字招牌延承下去。

第二，规模优势。理财子公司的规模优势主要体现在以下两个方面：注册资本和管理规模。从注册资本来看，目前从已经公告成立的理财子公司来看，注册资本普遍较高，如工银理财为160亿元，建银理财为150亿元，农银理财120为亿元，中银理财为100亿元，交银理财和中邮理财为80亿元。股份制商业银行里，浦发公告不超过100亿元，招商银行、华夏银行、北京银行、光大银行、平安银行、民生银行、广发银行和兴业银行的理财子公司注册资本均为50亿元或不超过50亿元，南京银行和徽商银行理财子公司为20亿元，宁波银行理财子公司为10亿元。相比较而言，公募基金的注册规模普遍较低。截止到2020年底，在144家公募基金中，前十名的基金公司注册资本从13.1亿元到58.41亿元不等，其余的大多数都低于10亿元。因此，从注册资本上来看，理财子公司具有明显的优势，所以理财子公司也被市场认为是含着"金钥匙"出生的。从管理规模来看，目前头部的理财子公司管理规模普遍都在1万亿元以上，以招银理财和工银理财为例，其管理资产规模都超过了2万亿元。相比较而言，公募基金管理的资产规模较小，资金中还有很大一部分来自商业银行的委托投资资金。除此之外，基金公司管理的产品中货币基金占比规模也较大，以头部的天弘基金为例，其管理规模中与阿里巴巴集团合作管理的余额宝就占了较大规模。

理财子公司的显著特点就是"大块头"，规模优势非常明显。理财子公司的规模优势，一方面增强了其抵御市场风险的能力，在应对市场风险和挑战方面具有更强的抵御能力；另一方面也表明了其在管理大规模资产方面具有明显的经验优势，能够更好地驾驭大规模的投资和产品运作。虽然规模大有很多优势，更容易获得普通投资者的认可和信赖，但是未来的资产管理市场不是以量取胜，管理能力更加重要，如果不能持续获得更高的回报、更稳健的收益，客户自然会"用脚投票"。因此，理财子公司要有危机意识，只有不断提升能力，才能赢得市场竞争。

第三，渠道优势。由于脱胎于商业银行，理财子公司具有明显的渠道优势。即使理财子公司独立，相较于其他资产管理机构，理财子公司的渠道优势仍然非常明显。渠道优势包括两个方面。一是资金端的销售渠道优势，二是资产投放端的投资渠道优势。商业银行是金融体系的核心和基础，在资金端和资产端都具有明显的优势，这是其他金融机构所不具有的。理财子公司作为商业银行资产管理业务的一个重要部门，同样沿袭了这一优势。从资金端来看，理财子公司可以依托母行的销售渠道，拓展资金来源，尤其是在个人客户渠道方面，优势更加明显。近年来，受监管约束，同业资金来源受到了严重的影响，以同业客户资金为重要基础的金融机构规模收缩较为明显。为了增加负债端的稳定性，目前商业银行和资产管理机构都非常重视零售业务的发展，零售为王，占据了渠道就占据了先机。商业银行有数量众多的网点和人数众多的客户经理，在个人客户的拓展和维护方面具有更多的优势。而这些优势，都可以为理财子公司的负债端贡献更加稳定的资金来源。从资产端来看，商业银行掌握了大量的企业客户资源，能够对接企业的融资需求。金融机构历来重视资金端，而忽视资产端，这是和金融发展的特定阶段联系在一起的。长期以来，我国金融资源的供给与需求的矛盾突出，在中低资质融资主体方面更是呈现出"供不应求"的状况，金融行业的发展矛盾更多地体现在供给端。但是，未来随着金融供给的不断增加和结构的不断完善，利率下降是趋势，金融资源的矛盾更多地体现在需求端，资产荒的问题可能会成为常态。金融机构作为资金融通的渠道，要实现资金和资产的对接，只有掌握优质的资产，才能顺利实现资金供给和需求的对接，更好地满足实体经济的融资需求。理财子公司由于背靠母行，资金端和资产端都具有优势，可以充分借助遍布城乡、四通八达的网络，获取资源，为其未来稳定发展提供基础。

"摊子多"也是理财子公司的显著特点之一。但是，同样的渠道优势也是来源于母行，理财子公司要深刻认识到这一点，如果不能将这种资源拓展为自身优势，将会影响未来的长远发展。理财子公司需要在这个基础上不断开拓新的资金来源和发掘新的投资机会，将渠道优势进一步提升，而不能背靠一座金山，靠山吃山靠水吃水，否则结果可能就是坐吃山空。

第四，团队优势。基金公司和证券公司等市场化的资产管理机构，在投资管理方面更加强调团队的专业性，通过打造明星经理来提升市场的影响力，强调的是能者上、庸者下的管理方式，更加突出"个人主义"。这种模式的特点是更加能够激发和调动基金管理人的积极性，但是也容易造成在一家公司中"旱涝不均"，业绩表现良莠不齐的情况。

理财子公司由母公司整体划转而来，自然地带有母行的基因和文化。与公募基金、券商资管、保险资管等机构强调专业化不同，理财子公司的团队更加讲究团队作战，强调集体作战，突出"集体主义"，而不是突出个人业绩。相较于其他资产管理机构强调"狼性文化"，商业银行更加强调"合作协同"。因此，理财子公司相较于基金公司等机构，可能在专业性方面需要进一步提升，但是在协同方面的优势是非常明显的。这种合作协同能够减少沟通成本，提升团队整体的业绩。

理财子公司需要充分发挥团队协作的优势，一方面加强与母行相关机构之间的交流协作，取长补短，相互借鉴，充分利用好发挥好总行的资源优势为我所用；另一方面，要加强子公司内部不同团队的相互学习借鉴，发挥团队作战的优势，为客户提供稳健的回报。

第二节　理财子公司的劣势

理财子公司作为资管行业的"新生儿"，有商业银行雄厚的背景支持，"口碑好""块头大""摊子多"，被戏称"含着金钥匙出生"。但是这并不意味着理财子公司在同其他资产管理机构业务竞争方面没有挑战，相较于其他资产管理机构，理财子公司也有很多的劣势，突出表现在以下方面：

第一，投研能力有待完善。和理财子公司不同，公募基金和券商成立之初就作为一个独立的机构运作。为了更好地服务于投资业务，实现投研结合，这些机构已经建立了较为完备的投资和研究团队。尤其是在研究方面，不仅人数众多，还涵盖了宏观、策略、行业等不同方向，可以为投资提供更加合理的决策。很多券商机构在服务本部机构的同时，也可以为外部机构通过研究和咨询服务，并已经产生良好的社会效果。相较于公募基金和证券资管，理财子公司之前的研究一般是归银行的专业部门，内部的投研能力很弱。这主要体现在两方面：一是缺乏专业的研究团队；二是缺乏投资与研究之间的相互支撑，更谈不上所谓的"投研一体化"。

理财子公司由资产管理部整体划转而来，作为商业银行的一个部门，大部分的商业银行资产管理部门缺少专门的研究团队，包括宏观研究、策略研究、行业研究和信用研究等。部分理财子公司虽然建立了研究团队，但是也仅限于宏观和策略方面，研究覆盖面小，体系比较零散，还不能形成有效的输出。产生这种情况，一方面是因为相较于表内投资，表外资产规模一般较小，商业银行受编制约束，在资源配置上有所侧重，没有大量的招聘资管方面的研究人员；另一方面，也是因为商业银行之前的投资主要集中于传统的固收领域，不涉及风险较高的股权投资和衍生产品投资等，所以没有相应的人才储备。债券投资面临的主要风险包括信用风险、市场风险和流动性风险。从信用风险来看，商业银行有专门的信贷部门，有的商业银行也会将表外业务纳入全行统一授信，加上商业银行本身的风险偏好较低，并且依靠大量的分支机构，信贷部门与发行人资金往来密切，所以缺少专门的信用研究部门。从市场风险来看，商业银行有专门的研究部门，就没有在资产管理部搭建专门的研究团队，加上资金池的运作方式可以相互腾挪资金，规避市场风险，因此商业银行资产管理部门很少关注市场风险。从流动风险来看，由于资金池运作，可以相互腾挪，加上有表内资金的支持，依靠较高的市场信用和影响力，同业之间的短期拆解能力较强，也较少关注流动性风险问题。总体而言，商业银行的研究团队的特点是"少而不专"。

但是理财子公司成立之后，加上产品管理的方式由资金池向"三单管理"转变，商业银行的信用风险、市场风险和流动性风险的管理难度都在不断上升。缺少专业的研究团队、投资与研究之间配合不紧密、很难应对资管新规变革带来的挑战，这些是当前理财子公司发展的短板，亟须得到补充和完善。

第二，运营能力有待提高。公募基金是资管市场中最早实行净值化管理的机构，因此在产品运作管理方面具有很多的优势，这一点是理财子公司所不具备的。和基金公司单独建账、单独管理的模式不同，资管新规之前，作为理财子公司前身的商业银行资产管理部门，管理产品采取的是资金池的方式。一般是资产管理部门有一个或几个大的理财产品，再根据需要，发行多支期次型的小产品，相互之间通过倒仓调节收益，保障给客户兑付收益。这种管理方式下，产品形式比较单一，管理模式相对简单，对业务运行能力的要求也比较低。作为商业银行的一个部门，可以在销售部门、托管部门的相互支持下进行产品的发行和运作，产品管理难度较小。

资管新规后，理财子公司在产品管理方面的难度不断上升。一是产品管理不再实行资金池子的模式，要实行单独管理、单独建账、单独核算的三单管理，产品之间不能相互倒仓调节收益，产品的流动性风险、市场波动风险增加，产品管理难度加大。理财子公司要由原来的管产品、管投资向管账户转变。二是在统一监管的模式下，理财子公司与公募基金、券商资管、信托公司、保险公司等都处于同一赛道，单一的产品类型无法满足客户多样性的需求，获得市场认可，这迫使理财子公司正视客户的需求，不断丰富产品类型，不断进行产品管理模式的创新。这对理财子公司的运营能力提出了更高的要求。三是资管新规对不同的产品类型提出了不同的监管要求，如对银行现金管理类的产品，就有久期、杠杆率、投向比例、投资范围等不同的要求，传统的产品运营管理能力是无法胜任的，只有借助先进的科技运营系统，才能实现产品的平稳有效运行。理财子公司成立后，系统开发建设的难度会不断上升，对人才、硬件资源的需求更旺盛，如何保持产品运作的平稳有序，成为理财子公司面临的新挑战。

第三，市场开拓能力有待提升。理财子公司成立后，首先面临着净值型产品转型的压力，顺利募集到资金是当前保证理财子公司能够顺利运转的关键。资管新规前，理财产品主要是通过预期收益模式运作，产品发行主要依靠商业银行的信用和母行不同渠道的支撑，这也是利率市场化转型过程中的独特产物。理财子公司成立之前，理财市场的开拓主要是在个金部、公司部、私人银行部、战略客户部等部门，理财子公司主要负责债券投资，专心做产品和投资就可以。并且，理财业务主要集中于纯债类产品，产品形式比较单一，客户接受度比较高，市场开拓的难度有限。

理财子公司成立后，作为独立运营的单位，强大的市场开拓能力就成为理财子公司抵御市场压力测试的重要保障。市场开拓能力包含两部分：产品管理和产品营销，两者是相互促进的关系。产品管理促进产品营销，产品营销又反过来反映了客户需求，从而推动产品管理的改革和完善。产品管理方面，主要是产品设计研发能力，需要能够根据市场需求，不断创设和丰富产品类型，快速响应客户需求。理财业务的本源是满足居民财富保值增值的需要，要以人为本。但是我国的理财业务逐渐偏离了这一本源，变成了以产品为本，演变为资产管理机构设计出什么产品，客户就必须买什么产品，完全忽视客户的需要。未来的资产管理业务要回归本源，坚持以客户为本，以客户需求为本，要按照客户的需求设计理财产品，这对产品管理能力提出了更高的要求。从产品营销来看，理财子公司成立后，个人渠道的维护和机构客户拓展的职能会逐渐向理财子公司转移，理财子公司产品营销的压力会不断加大。并且目前理财产品的营销已经呈现出线上化的趋势，要充分利用金融+科技的深度融合，打造线上+线下的综合营销渠道。

第四，风控能力有待加强。风险防控能力一直是商业银行的优势，但是理财子公司成立后，风控体系和架构肯定需要重建。同时，新的产品形式、估值方法、运作体系、监管规则等也对商业银行的风控能力提出了新的要求和挑战。

理财子公司风控能力的构建包括几个方面：一是信用风险防控能力，风险防控是商业银行也是理财子公司的立命之本；二是流动性风险防控能力，产品独立管理后，由于不能相互调节、独立核算，单个产品的流动性风险管理压力必然增加，并且产品账户不断增加，管理难度不断加大；三是法律合规风险防控能力，资管新规发布后，很多的配套监管政策也在陆续发布。合规经营是金融机构的基本要求，理财子公司要建立专业的法律合规团队，加强政策研究和政策分析，坚持审慎经营、合规经营；四是风险评估和检查，资管新规发布后，理财子公司虽然有母行的支持，但是还是需要作为独立的机构运行，因此必须坚持底线思维，加强风险压力测试，重视风险评估和风险核查。

风控能力的提升是理财子公司面临的重要挑战之一。为了更好地弥补风控能力方面的劣势，理财子公司需要在风控制度体系和团队建设两方面加强风控能力建设。

从风控制度和体系建设上来看，理财子公司的风控体系，是在重新构建原有风险体系的基础上，按照新的监管要求提供全流程的嵌入式监管。金融的本质就是经营风险，在把控风险的基础上实现投资收益的最大化是金融机构最基本的经营目标。从团队建设上来看，需要建立包括信用分析团队、投后管理团队、法律合规团队、风险审查团队和内部审计团队等，以实现覆盖投前、投中和投后的全流程信用风险和法律合规风险管理。风险管理和监控要提高主动性，通过开展压力测试、灵敏度测试和集中度监控等方式管控风险。

第三节　本章小结

从前文的分析来看，理财子公司的优势主要是母行的突出背景，"背靠大树好乘凉"给理财子公司带来了很多先天的优势。但是如何将先天优势转变为后天的能力对理财子公司而言仍然是一个重要的考验。同时相较于其他资产管理机构，理财子公司自身能力的短板还有很多。不过这也非常正常，理财子公司虽然脱胎于商业银行的资产管理部，但是由于另立门户，除了分家时母行提供的注册资本和人员，机制、流程、体系等还需要自己重建。从这个角度来看，理财子公司可以说是资产管理行业的"新生儿"。从体量上来看，理财子公司绝对是个大块头，但是后面是变成充满战斗力的"狮子"还是变成慵懒的"熊猫"还充满着很大的不确定性。这要看理财子公司能否扬长避短，能否不断进步。

理财子公司要坚持实事求是、因地制宜的原则，既不能忽视风险而不去正视短板，也不能妄自菲薄而忽略自身优势，要对自己有清楚的定位。当前理财子公司最主要的是如何将依靠母行的优势转化为自身优势，才能在以后的市场竞争中占有有利的位置。要正确认识和处理与母行的关系。一方面要善于利用母行的资源优势，不要强行切断与母行的关系。理财子公司如果过分强调独立性，其实是自废武功。商业银行有完整的销售渠道、客户渠道等，这些都是其他资产管理机构所没有的。监管的目的是要实现风险隔离，促使理财子公司更好地服务实体经济，并不是业务往来和协同都要隔离。这是理财子公司在市场化转型中，过分强调市场化而可能产生的问题。正确的做法，一是要以母行的优势为基础，做大做强，在这个过程中提升能力、锻炼队伍，将这些能力和优势转化为自身优势。二是不坐吃山空。母行提供的品牌、资金和渠道等优势为理财子公司更好地发展奠定了基础，这些都是可以依赖的资源。但是，这些资源都只是母行的，客户未来看中的还是资产管理机构的业绩和市场表现，不能坐在母行的金字招牌上不思进取，打铁还需自身硬，不断提升自身本领才是根本。

第八章　理财子公司的机遇和挑战

随着资管新规、理财新规和理财子公司管理办法的相继颁布，我国资产管理行业迎来了重大的变革。2019年，理财子公司陆续成立，作为一种全新的资产管理机构，因为体量大、背景深，对整个资产管理行业产生了深远影响。理财子公司成立于行业发生重大变革的背景下，面临着经营模式转型、关系重新定位、人才系统欠缺、能力亟待提升等方面的挑战，但同时也有市场机遇、政策机遇和转型机遇等方面的有利条件。面对行业变革带来的挑战和机遇，理财子公司要通过做好自身定位、打造合作共赢生态圈、建设三大体系、构筑四大基础，为客户和企业提供一站式金融服务。

第一节　引言

2004年，光大银行发行了中国第一支面向个人客户的人民币理财产品——"阳光理财B计划"，标志着表外理财业务正式诞生。一年后《商业银行个人理财业务管理暂行办法》正式颁布，表外理财也开始纳入监管。经过十余年的发展，截止到2018年底，全国共有403家银行业金融机构有存续的非保本理财产品，理财产品4.8万支，理财规模存续余额22.04万亿元①。商业银行理财业务在服务居民财富保值增值、促进实体经济融资方面都发挥了巨大的作用。同时，也积累了很多的问题，如刚性兑付、多层嵌套、期限错配等。面对资产管理市场带来的风险累积问题，2016年的中央政治局会议就将防范化解系统风险放在

① 数据来源：中国银行业协会和银行业理财登记托管中心联合发布的《中国银行业理财业务发展报告（2018）》

了三大攻坚战之首。2018年，资产管理行业的整顿清理正式拉开序幕。除了防范和化解资产管理行业风险，商业银行要建立专业的机构和组织开展理财业务。如资管新规提出，主营业务不包括资产管理业务的金融机构应当设立具有法人地位的子公司开展业务，强化法人风险隔离；理财新规也提出应当通过具有独立法人地位的子公司开展理财业务；理财子公司管理办法则明确提出设立子公司的条件、要求等。按照监管的要求，设立理财子公司专营资管业务有利于优化组织管理体系，强化风险隔离，推进理财业务向本源回归，促进理财资金以更加合规的形势促进实体经济的发展，同时，也有利于培育和壮大机构投资者队伍。

从国际经验来看，商业银行设立独立法人机构开展资产管理业务，实现资产管理与银行信贷、自营交易、证券投行和保险等业务隔离是通行做法。截止到2018年底，全球20家头部资产管理机构中，银行系资管机构占到近半数。商业银行强大的品牌号召力、丰富的客户资源、完善的账户体系、防范的网络覆盖、协同的业务能力，使其与保险系和基金系的资产管理机构相比有更多的优势。资产管理是连接两端，一端是资产、一端是资金，资产管理机构通过资产配置实现财富增值，一方面满足企业融资需求，一方面实现居民财富保值增值。从国际资产管理行业发展的实践来看，资产端和资金端的管理与配置都出现了明显的变化和调整。从资产端来看，被动型产品的规模正在逐步提升，再过去十年间，以ETF指数类的被动型产品为代表规模得到了快速的发展。从资金端来看，欧美发达国家目前基本经历了从商业银行阶段、资产管理阶段到私人银行阶段三个不同的阶段。近年来，国内资产管理行业取得了快速的发展，这与中国的资金结构和人口变化密不可分，远高于全球平均水平的储蓄率、以及老龄化人口增加带来的养老金规模的增长在资管业务的发展中发挥了重要的作用。我国资产管理行业发展速度快，主要是基数比较低。与国际上成熟的资产管理市场相比，我国资产管理行业还处于从商业银行向资产管理银行过渡的初级阶段，理财子公司的成立恰好顺应了这种变化的趋势。商业银行系成立专业的资产管理机构进行理财业务的运作符合市场和行业的发展规律。

商业银行子公司的成立对资产管理行业的发展影响深远，那么在行业发生剧烈变革的背景下，理财子公司有哪些机遇，又会遭遇哪些挑战，这是理财子公司，以及整个资产管理行业都密切关注的问题。

第二节 理财子公司面临的机遇

子公司成立表明银行理财机构获得了独立的法人地位，独立法人身份意味着资管业务运作的自主性和专业性的提升。理财子公司的成立是大势所趋，对于商业银行而言，子公司的成立对于推进资产管理业务的发展是难得的机遇。具体而言，理财子公司的成立面临以下机遇。

一、市场机遇

我国的资产管理市场发展前景广阔，为理财子公司的发展提供了无限的可能。资产管理行业发展主要是由以下因素推动的。

一、居民财富不断增加，可投金融资产不断增加。波士顿咨询报告显示，截止到2019年6月底，全球资产管理行业管理规模为74万亿美元，2008年这一数据才仅有38万亿美元，11年间基本实现了翻一番。其中北美、欧洲和亚洲市场在全球资产管理市场中的占比分别为48.0%、28.1%和17.3%。从绝对量上来看，亚洲地区占比相对较低，但是近年来增长迅速。根据贝恩公司《2019中国私人财富报告》的统计数据，2018年中国高净值人群的可投资产为61万亿元人民币，人均可投资产超过3000万元，这一数据在2019年会进一步增长，预期高净值人群可投资资产规模将达到70万亿元。同时，波士顿咨询报告也显示，2018—2023年中国居民的个人可投资金融资产将会保持年均11%的增长速度，到2023年可投资金融资产有望达到243万亿人民币。中国资产管理行业可谓一片蓝海。

二、居民资产配置结构会出现重大调整。除了总量上居民可支配收入有不断增长的趋势外，结构上来看，居民的资产配置结构也在经历重要的转变，这种转变对于资产管理行业而言是重大的利好因素。从资产配置的比例来看，与国外相比，我国居民的资产配置中，房地产占比过高，而金融资产占比过低。瑞士信贷银行发布的《2018年全球财富报告》显示，美国的居民资产中房地产占比只有24.2%，金融投资资产高达61.4%；而中国的居民资产中房地产高达53.4%，金融投资资产占比为18.4%。金融资产占比过低不利于资产管理行业的发展。但是，随着房地产调控政策收紧，"房住不炒"的定位会导致房地产的投资属性降低，居民配置资金会从房地产领域挤出来，给其他大类资产的投资提供了空间。金融投资占比会出现调整，资产配置结构会有明显变化，资产管理市场迎来重大的机遇。

三、企业融资方式出现重大变化。除了资金端的变化，资产端也有明显的变化。经过三十余年的改革开放，中国经济取得了让世人惊叹的成绩。但是随着经济资源的约束，粗放式的发展模式受到了挑战，中国经济面临转型的压力，相应的金融服务的方式也要发生改变。传统的经济增长是以劳动密集型的低端制造业为主，随着劳动力需求的增加推动了城镇化的发展，并衍生出房地产、基础设施建设等相关产业。这些产业的特点是业务模式比较成熟、风险较低，现金流也比较稳定，并且产生了大量的固定资产（如厂房、地产等），这种产业模式和结构非常适合以商业银行为代表偏好低风险投资的机构进行间接融资。但是随着产业的不断升级，技术密集型和资金密集型的产业不断兴起，城镇化潜力不断下降，与之相关联的传统产业受到了新兴产业的冲击。与传统产业不同，新兴产业有以下几个特点：处于产业生命周期的初期，经营风险普遍较高，现金流不稳定；科技附加值较高，无形资产占比较高，缺乏抵押物。以上特点决定了传统的间接融资无法满足这些行业的资金需求，以直接融资为代表的新型金融服务有了更大的需求，以直接融资为主的资产管理业务在这种转变中将会获得更大的发展机遇。与传统信贷资金不同，银行理财资金属于代客资金，客户的风险偏好有明显的差异，按照客户风险偏好可以设计不同风险等级的产品，这些风险等级不同的产品募集的资金就可以为经营风险不同的企业和项目提供差异化的金融服务。除了投资标的差异性，投资方式也可以不断丰富，采用债权、股权、标准化和非标准化以及组合等多种投资方式参与企业和项目的投资，在满足不同客户产品收益要求的同时，又可以为不同类型的企业提供投融资服务。

最后，从国内外资产管理行业发展的对比中也可以发现，中国资产管理行业发展的潜力巨大。首先，从资产管理业务规模占GDP的比重来看，随着利率市场化和金融市场的不断完善，资产业务的规模也会不断壮大。目前欧美等发达国家的资管业务规模已经占了GDP的接近2倍，相比之下，中国的资管业务规模只占了GDP的80%左右，远低于发达市场的水平。其次，从银行表内外资金对比来看，wind数据统计显示，截止到2018年底，我国商业银行理财产品的余额为32.1万亿元，而同期银行业的资产规模为249.64万亿元，理财业务仅占商业银行资产管理业务的12.86%，虽然这一数据较2017年的11.7%已经上升了近1个百分点。但是与国外相比，我国的资产管理行业的规模和比例提升的空间还非常大。以美国为例，早在2012年末，美国银行业资产管理规模12.75万亿美元，银行业总资产为13.07%，商业银行资产管理规模占银行业总资产13.07万亿美元的97.6%，表内表外平分秋色。因此，从中外对比数据来看，中国的资产管理市场潜力巨大。

从国际经验来看，经济发展水平与资产管理行业发展的水平一般呈现正相关关系，随着中国经济和居民可支配收入的进一步增长，资产管理行业的规模必然也会持续扩大，这为理财子公司的发展提供了广阔的市场。

二、政策机遇

从政策导向来看，自2016年以来，中央就将防范化解系统性风险列为三大攻坚战之首，以商业银行表外理财为代表的影子银行成为监管重点关注的对象。理财子公司对于实现表内外资金的风险隔离和强化对表外资金监管都起到了重要作用。因此，监管从2018年开始一直鼓励有条件的商业银行设立理财子公司，并且在政策方面也给予了很大的支持，为理财子公司的发展提供有利的政策条件。理财子公司的政策机遇体现在两个方面，一是相较于资产管理部具有政策优势，二是相较于其他资产管理机构，政策上也享受一定的倾斜。

相较于传统理财业务而言，在产品销售方面：一是降低了购买起点，公募理财产品不再设限，这扩展了客群范围，也提升了获客对象水平；二是拓宽了宣传渠道，子公司可以通过网络、电视等渠道宣传公募产品，宣传的范围和渠道都极大地扩展了，力度和效果都会更加显著；三是减少了销售限制，取消了首次面签规定，方便投资者通过网络渠道购买理财产品，当前线上开户已经成为其他资产管理机构的常态，远程开户的限制放开使得理财子公司相较于传统理财具有了更好的获客能力；四是增加了代销渠道，新认定了国务院银行业监督管理机构认可的其他机构，销售渠道更广泛；五是拓展了产品类型，允许发行分级和结构性理财产品，相较于传统理财，产品类型更加丰富，更能够满足不同风险偏好类型的投资者。

在投资范围方面：一是提升了非标投资的额度和空间，理财子公司取消了非标投资不超过总资产4%的限制，相较于资管部非标资产余额不超过净资产35%和不超过总资产4%的双约束，明显放松；二是放宽了投资范围，相较于资产管理部，理财子公司除了投资于债券，或者委外投资股票外，还可以直接投资一、二级市场的股票，以及其他银行理财子公司发行的理财产品。并且在满足集中度的要求下，理财子公司自有资金还可以投资本公司自己发行的理财产品；三是扩大了机构合作范围。监管鼓励不同资产管理机构间的相互合作，相较于资产管理部的合作机构类型，理财子公司甚至可以将合规的私募机构纳入合作范围，目前一些优秀的私募管理机构投研能力、风控能力都非常突出，这一政策优势有利于进一步提升理财子公司投资管理、风险管控、业务运营等能力。

相较于其他资产管理机构，银行理财子公司也具有一定的优势。在产品销售方面，主要指销售渠道的先天优势。数量庞大的分支机构为商业银行提供了广阔的触角，可以为其发展奠定广泛的客户基础。作为商业银行的全资子公司，相较于其他资产管理机构最有优先权获得商业银行销售渠道的支持，这是其他资产管理机构难以媲美的优势。依托母行的销售渠道，理财子公司可以实现低成本、高效率的理财产品销售，并且在这一过程中与其他依赖这一渠道的资产管理机构形成了竞争和替代关系。在投资方面，理财子公司受到的投资约束更少。相较于公募基金，理财子公司可以投资非标；相较于信托，理财子公司可以投资标准化的公募产品；相较于保险资管，理财子公司的投资期限和评级受到的约束更少。因此，从这一点上来说，理财子公司相当于获得了一张"基金+类信托"的全能牌照。尤其是非标投资一直是理财子公司近年来的强项，这一优势有可能会进一步延续。虽然去通道、去嵌套对传统的非标业务产生了冲击，但是在满足资管新规的要求下，理财子公司仍然有投资的潜力，理财子公司放松了对于非标投资总量的限制性条款，并且对集中度（单一产品投资比例）和授信（不强制纳入统一授信）方面都有放松。总体上来看，对理财子公司开展非标业务有保有压，不是不让做非标，而是要防范和降低非标业务可能带来的风险。

随着各项新规的出台，监管套利的空间受到进一步挤压，理财子公司的监管政策会和其他资产管理机构不断趋同，但是现阶段而言，理财子公司仍然具有很多的政策优势，不论是产品方面还是投资方面，这对于理财子公司的起步和发展都有至关重要的作用，如何发挥政策的优越性实现竞争能力的提升是理财子公司要考虑的的关键问题。

三、转型机遇

理财子公司的成立对商业银行来说不仅仅是组织机构的创新，更是经营业务、发展模式的全面变革。传统的商业银行理财业务虽然不计入商业银行的资产负债表，属于表外业务。但是实际上，传统的表外理财业务与信贷业务非常类似。首先，从盈利模式上来看，传统理财的绝大部分收益来源于投资与产品收益之间的息差。其次，保本保收益，这其中虽然有所谓的非保本浮动收益型的产品，但是基本上也是以预期收益刚性兑付了。并且表外资金不计提风险拨备，不计算风险资本，脱离了传统信贷的监管，却从事传统信贷的业务。由于规避了监管约束，传统理财业务在短时间内得到了快速发展，但是存在的问题也更加突出。一是刚性兑付，导致风险累积；二是与表内业务雷同，专业性很难得到提升，如果赚取息差就能获得很高的收益，银行理财就没有动力提高专业水平；三是机制更加僵化；四是偏离了代客理财本源，忽视了客户化需求。理财子公司成立之后，其资产管理业务从原有预期收益型、主要赚取利差的模式，转向净值型、主要赚取管理费的模式，在这一过程中，蕴含着转型的机遇。

理财子公司的风险隔离有助于减轻风险压力。理财子公司成立后将成为独立的法人，有助于实现表内外业务的风险隔离，并实现经营模式由利差模式向管理费模式、由重资产模式向轻资产模式的转变，转变后产生的业务包袱更轻、压力更小、风险更低。

理财子公司的业务转型有助于提升专业性。理财子公司相较于商业银行的资产管理部具有更高的自主权和独立性，可以按照市场的需求和变化，建立全新的制度和流程体系，构建更加高效合理的组织架构，培育更加专业的人才队伍，并建立相应的薪酬和激励体系，从而提升理财子公司的专业能力和水平。

理财子公司的机构转型有助于提升灵活性。从监管的角度来看，对于理财子公司的机构合作进一步放松，理财子公司可以以业务为基础，整合表内信贷、基金、券商、保险等机构的资源，为客户提供一体化的金融服务方案，真正实现服务实体经济、服务百姓大众的目的。

理财子公司的多元配置有助于满足客户需求。资产机构需要为客户提供稳定的汇报，而大类资产配置可以平滑收益，降低波动，大类资产配置的重要性远高于交易机会的选择。而受制于传统的盈利模式，商业银行资产管理部门缺乏足够的动力和重视进行相关的工作。理财子公司的成立为大类资产配置提供了契机，使其有了压力也有动力重视和开展大类资产配置的工作。同时，理财子公司的资金稳定性虽然不及保险资产管理机构，但是明显优于公募基金和券商资管，可以从容进行资产的配置，这也是理财子公司的核心优势之一，为理财子公司开展大类资产配置提供了非常好的基础。

第三节　理财子公司面临的挑战

理财子公司注册资本高，管理资产规模大，"家底"雄厚，可以说是含着"金钥匙"出生。但是，理财子公司并非"十项全能"，也面临着各种挑战。具体而言，包括以下方面：

一、经营模式转型

理财子公司的成立不仅仅是组织形式的变化，更是管理模式的转变，在由信贷管理模式向投资管理模式转变的过程中，也必然伴随着组织架构、投资理念、风险控制、产品管理等多方面的调整。

机构调整压力巨大。2009年总行层面第一家资产管理部——工商银行资产管理部正式成立，表内外风险隔离从机构调整方面迈出了第一步。2014年银保监会发布的《关于完善银行理财业务组织管理体系有关事项的通知》（35号文）

促进了商业银行资产管理部门事业部制改革的发展，进一步提升了资管业务运行的独立性。但是作为商业银行的一个内部机构，其风险管理、估值核算、组织运作等体系均有银行体系部门支撑，接受总行统一领导。理财子公司成立后，独立性进一步增强，机构真实面临着重新构建和改造的问题。除了传统的投资部门，中后台运营部门的力量亟待充实，而且理财子公司会面临之前资管部未曾考虑过的诸多问题。

经营理念需要转变。2018年发布的资管新规明确禁止资产管理机构进行资金池运作，相互倒仓调节收益，要求产品单独管理、单独建账、单独核算，实行净值化运作，将彻底改变原有的管理模式和运作模式。运营模式的改变带来的是对经营理念的冲击。突破商业银行的信贷文化，建立充满竞争力的市场化投资、运营和管理理念成为摆在理财子公司面前的一道难题。理念转变必然伴随着经营目标和决策流程等的重塑，这也充满了不确定性。

风险管控难度加大。传统的银行理财业务模式的核心在于资金池运作，资产端和资金端相互分离，资产估值与产品定价相互分离，实际上与表内的贷款无异，形成了"表外银行"的模式。通过期限错配、调节收益、赚取中间差价等方式进行运作。传统理财本质上是利用了整个银行的信用背书，虽然可以赚取超额利润，但是也把经营风险留在了银行体系内。但资管新规要求产品净值化运作、禁止刚性兑付、打破资金池，并要求银行成立理财子公司后实行产品单独管理。这将会带来整个业务的运作模式的变革与颠覆。可以认为，传统模式下银行资管部可以用于刚兑的资本金就是整个银行的资本金。但是理财子公司成立后成了独立法人，资管业务实现了一定意义上的完全出表，其实际资本金由之前的上千亿元变成平均只有数十亿元，自身刚兑能力大幅下降，风险管控难度加大。

产品转型势在必行。从目前国际市场的情况来看，各类资产管理机构发行的产品中净值型产品占比约为70%—80%，是资产管理市场的主流产品形态。国内除了商业银行资管部存在大量的预期收益型产品，以公募基金、券商资管、保险资管等为代表的其他类型资产管理机构，也是以净值型产品为主流。目前理财子公司的净值型产品占比还较低，但是资管新规后，净值型产品发行的规模正在提速。为适应监管需要和资产管理市场发展的趋势，产品转型势在必行。

二、关系重新定位

子公司成立后，首先需要解决战略定位问题。定位就是搞明白自己现在处于什么位置，与其他机构、业务之间是什么关系，定位问题是根本性问题。从国际情况来看，商业银行的理财子公司成立后，与母行形成了以下两种关系：一种是与母行集团关联性较强，各业务类型上都倾向于母行战略；另外一种是市场化较明确，不再依靠母行资源，并逐渐分化为大而全的资管公司，或某个领域的专业资管公司。国内的理财子公司也要结合自身实际，选择合适的定位。从定位上来看，理财子公司需要首先解决以下几个问题。

一、子公司与母行的关系。从战略层面来看，理财子公司脱胎于母行，不可避免地对母行内各部门、各分支机构等继续存在广泛的业务需求，有维持密切合作关系的客观需要。产品运作方面，商业银行各部门如科技、运用、客服等部门依然要发挥重要作用。产品端方面，理财产品的客户渠道主要还是通过各分支行的零售银行业务部门来完成。资产端方面，标准化的产品总行可以自主投资，但是非标准化的产品相对收益较高，必须有分行的配合和支持才能顺利开展业务。因此，子公司要保持与母行的密切关联。同时，理财子公司成立也会引起商业银行内部利益格局的重新分配。一方面，为了有效防止理财业务风险向银行体系蔓延，按照监管的要求，理财子公司要与总行实现业务隔离，包括资本、管理、业务、系统等方面，以激发业务转型发展活力。另一方面，理财子公司要实现独立运营，实现市场化激励措施、市场化管理方法，在风险隔离、专业化发展与母行协同之间取得平衡，是子公司首先面临的挑战。

二、子公司与母行其他资管部门的关系。对于在同一系统下面有不同的资产管理机构的商业银行而言，如何理顺包括理财子公司在内的各类资产管理机构之间的关系，是当前理财子公司也是商业银行非常重要和棘手的工作。以四大行为例，旗下有公募基金、保险资管、券商资管和私募等多个资产管理业务的牌照，部分业务之间存在着同质性的问题，尤其是公募基金与理财子公司的业务重合度更高。如何平衡不同资产管理机构的关系，设计相关的体制机制，形成互补和良性竞争的生态格局，而不是相互之间恶意竞争的关系，是一个重要的课题和挑战。没有清楚的定位，极有可能导致不同资管业务板块的萎缩和人员动荡。

三、子公司与外部资产管理机构的关系。理财子公司成立后，基本与同属资产管理板块的基金、信托、保险资管等处于同一赛道，相互之间的竞争不可避免。银行理财产品收益不及信托，服务响应能力和服务满足程度不及基金，资金久期不及保险。在业务规范的情况下，配置的非标增量远比不上非标的到期量，和外部机构间存在着明显的竞争关系。但同时，理财子公司的业务和其他资管公司之间也存在着差异性，相互之间的互补性比较大，如在权益投资方面，子公司目前是短板，还需要借助与其他资产管理机构如公募基金和券商资管的合作。因此，能否平衡理财子公司与行外其他资产管理机构的竞合关系也关系理财子公司未来发展的方向。

四、新老产品之间的关系。目前新老产品之间存在着明显的差异，如何处理过渡期内老资产处置与新资产拓展的关系成为当务之急。目前处理存量产品情况，有两种模式，一种是资管部与理财子公司双线运行的模式。这种模式下，子公司负责开拓新业务，资管部负责管理存续业务，分工比较清晰，业务之间的延续性也比较好，但是这种模式存在资源重复配置的问题，并且两个部门之间业务的协调和衔接也面临一定的挑战。另外一种是委托代理的模式，即总行将老的存量理财业务委托给子公司代管，母行只设置部分管理职能，这种模式虽然比较节约资源，但是也会导致职责、授权、关联交易等方面的问题。不论是委托代理模式还是双线并行模式，资产管理部都只是一个过渡性的机构，一旦转型完成，资产管理部也会随之解散。如何协调这部分资源也是理财子公司需要考虑的问题。

三、人才系统欠缺

与传统信贷业务不同，资产管理业务主要是面向资本市场，是人才密集型和技术密集型的行业，单位人均产出水平高，技术应用范围广。从国际资产管理行业发展的经验来看，资产管理机构取得领先地位从硬件上一靠人才，二靠技术。专业、高素质的人才队伍，加上强有力的科技系统支持，才能保障资产管理机构赢得先机。

而理财子公司的业务刚刚处于起步阶段，人才和系统方面的矛盾都比较突出。其主要原因在于：

一、理财子公司的前身资产管理部背靠母行，在实际业务中主要的精力都放在了产品设计和资产投资方面，销售、市场、运营、科技、风控以及其他中后台的职能都是依托总行其他部门完成。理财子公司成立后，已经成为独立的法人，总行的支持力量相应减弱，需要重新培养投资研究、产品研发、市场销售、品牌维护、产品运营、风险合规等方面的人才，短时间内肯定面临着人才短缺的问题。同时，由于理财子公司是商业银行的全资子公司，不能完全脱离母行的管控，突破母行的薪酬管理体系，这也就意味着它在短时间内无法提供完全市场化的薪酬，更谈不上对标公募基金、券商资管等，实行比较有竞争力的薪酬制度和体系。除了发展平台，理财子公司其他的激励手段也比较有限，但是这个平台资源对人才的吸引力还是远远不够的，短时间来看，薪酬、职位依然是吸引人才的关键因素。

二、资管新规发布前，商业银行的发展模式是以产品为导向，理财子公司成立后要逐渐向以客户为核心的发展模式转变。这就意味着对于系统的要求不能仅仅满足于维持正常的运营，还需要主动发掘客户需求并提供产品运营、投资顾问、资产配置、风险管控等配套的系统服务。目前各家商业银行资产管理部使用的系统主要是依托全行的系统资源，一是缺乏针对性，不能与资产管理业务需要的信息披露、净值核算、产品营销、资产管理等要求完全匹配。二是系统开发优化权限可能需要不同部门的协调，完全不能及时响应理财业务发展的需要。目前理财子公司的系统要么欠缺、要么不完善，基本的运作可能都不能保持，更谈不上实现所谓的智能投顾和人工智能。实现所谓的金融与科技深度融合，用科技赋能资管业务还有很长的一段路要走。现在对于理财子公司而言，系统不但没有实现赋能，可能还拖累了资管业务的发展。

四、能力亟待提升

人才和系统构成了公司竞争力的基础，理财子公司在这方面的短板直接影响了其市场竞争能力。

投研能力有待加强。目前国内大多数的商业银行资产管理部门投研能力非常缺乏。这主要表现在以下方面：一是缺少专业的研究团队和部门，包括六大行在内，绝大多数的商业银行资产管理部门没有建立专门的研究团队，反映出资产管理部或者母行对研究工作的重视程度一般；二是研究缺乏系统性，资管部的研究主要是借助总行的研究部门，投资部门也会兼职从事部分研究性的工作，但是呈现出碎片化和零散化的特点；三是研究重点聚焦于宏观和债券领域，股权和行业等新兴投资领域的研究处于空白状态。

流动性管理能力不足。商业银行资产管理高歌猛进时最受诟病的就是资金池操作，资金池虽然会导致风险累积，但也可以实现资金错配和相互调节，降低了理财产品申赎带来的流动性冲击。理财子公司成立后出现了以下几个显著的变化：一是独立性进一步增强，之前依靠表内资金对冲流动性风险的操作将受到合规性的约束，来自母行的流动性支持必然减少；二是资金池的业务模式不能再延续，无法通过产品之间相互倒仓调节流动性，单个产品的流动性要实现独立管理，账户管理难度加大；三是产品净值化转型后，对产品的信息披露要求不断提高，披露内容、披露频率、披露监管要求都会显著提升，客户依据风险自担的原则，会更加关注产品净值和收益的波动，由于按照公允价值估值核算，产品的净值波动不断增加，必然会引发客户的频繁申购和赎回操作，给产品管理也带来了挑战。

除此之外，理财子公司也会面临产品管理能力、市场营销能力、产品运营能力、风险控制能力等各方面的挑战。虽然相比券商、基金等其他同业，大部分理财子公司面临能力不足、人员短缺、市场化机制不健全等问题。

第四节　理财子公司发展建议

理财子公司作为资产管理市场的新生事物，既面临着难得的发展机遇，也无法避免各种挑战。随着银行理财子公司步伐渐进，大资产管理行业的发展方向和竞争格局必将面临重塑。虽然组织上，我国的理财子公司陆续获批开业，但是与国外治理完善、高度专业的理财子公司相比，我国的理财子公司还有很长的一段路要走。理财子公司的成立对商业银行而言不仅仅是组织形式的调整，更是资产管理业务的一次深刻的变革。作为资产管理市场的新生事物，理财子公司需要解决以下几个关键问题：一是向哪里走，即定位的问题；二是有哪些外部资源，即如何处理与内外部关系的问题；三是依靠什么发展，即发展的抓手问题；四是如何实现发展，即发展的保障因素问题。

一、做好一个定位，找准方向

理财子公司发展中首先要解决定位的问题，确定发展的目标和方向。从目前国际先进资产管理机构的经验来看，目前大致形成了以下几种模式。

表8-1　全球资产管理公司的五种经营模式

模式类型	描述	代表性的资管机构
全球解决方案提供商	这类AMC一般资产规模较大，利用产品、渠道和服务的能力，发挥跨区域资产管理的优势。同时还可以向机构提供风险管理和分析方面的咨询服务	BlackRock Pimco Wellington
专业阿尔法提供商	这类AMC提供标准和另类投资，组织结构扁平化，专注于某类或某几类投资领域，依靠专业的管理水平获得超额的市场回报	Blackstone GARPs of Standard Life Investments Spring Asset Management
客户体验专家	这类AMC立足本土，以客户需求和体验为核心，依靠强大的数据管理和分析能力，致力于为客户提供超越预期的体验，具有明显的规模效应	Franklin Templeton Schroders, Fidelity T. Rowe Price
企业价值创造者	这类AMC善于充分利用集团的规模优势和基础能力，为企业提供服务。例如，许多此类AMC都拥有强大的银行、保险、证券和经纪公司受托人和保管人的背景	J.P. Morgan, Allianz / Pimco State Street
新兴市场领导者	这类AMC依托本土的关系和分销渠道，在新兴市场占有较大份额。同时他们服务的领域与当地的企业、国家和地方政府具有密切的关系	Banco Itau、 Ping An

可以看出不同类型的资产管理公司发展的方向有明显的差异，全球解决方案提供商主要是提供跨区域的金融服务，机构大，业务全；专业阿尔法提供商在某个领域和区域具有专业能力，能够获得超额的回报；客户体验专家主要关注客户需求，需要强大的系统支持；企业价值创造者主要是依靠多元化的资管机构，实现综合化的金融服务；新兴市场领导者是市场的开拓者，主要是依赖本土关系和渠道优势。这五种典型的资管公司发展模式，对不同驱动因素的依赖程度有明显的差别。

表8-2　不同AMC模式的关键业务驱动因素

模式类型	渠道	投资表现	产品深度和广度	客户体验	运营与技术	管理
全球解决方案提供商	5	3	5	4	5	5
专业阿尔法供应商	2	5	1	2	2	3
客户体验专家	5	3	4	5	4	4
企业价值创造者	3	3	5	3	5	4
新兴市场领导者	4	3	3	2	3	3

数据来源：BCG波士顿咨询全球资产管理研究报告（2019），其中1表示不重要，5表示非常重要，1~5重要程度依次增加。

从驱动因素来看，渠道、产品、运营、管理对全球解决方案提供商都非常重要；而对专业阿尔法提供商而言，投资表现的重要程度远高于其他因素；渠道和客户体验对客户体验专家类型的资管机构非常重要，这是显而易见的；产品和运营技术对企业价值创造至关重要；对于新兴市场领导者而言，渠道是最重要的驱动因素。企业所处的情况不同，AMC模式的经营绩效也会存在明显的差异。

表8-3　AMC类型与绩效表现

类型/因素	股东背景	企业规模	经理年限	总部位置	管理经验
专业阿尔法供应商	帮助很大	越小越好	越长越好	与管理的资产越近越好	新公司更好
全球解决方案提供商	没有什么帮助	越大越好	非常有帮助	越是位于发达的金融中心，业绩表现越好	对于整体表现有益，但是对投资表现关系不大
客户体验专家	长期没有明显影响		有帮助，但团队机构的复杂性会稀释投资收益		
企业价值创造	帮助不大	越大越好			
新兴市场领导者	相较于合资企业，国有企业表现更好				

从目前理财子公司的经营实际来看，选择客户体验专家和企业价值创造作为发展目标比较容易发挥自身专长和优势。后期，理财子公司的发展可以向专业化和全球化等方向转变。当然，每家子公司面对的状况都有所差异，要结合自身实际找到合适的发展道路，实现科学定位。

二、打造两大生态圈，谋求共赢

理财子公司要建立内外两大生态圈，从合作中寻找发展契机，实现互利共赢。其中内部生态圈是指理财子公司要在战略、业务、客户、渠道等方面保持协同，实现互利共赢，协同发展。脱胎于母行的资产管理部，理财子公司最核心的优势之一就是背靠母行的深厚背景，与母行的各部门、各分支机构之间有密切的业务联系。理财子公司要在提升自身能力的同时，维持与母行各部门、各分支机构以及其他资管机构之间的合作，实现业务发展中的双赢和共赢的局面。从战略上来看，理财子公司与母行之间的战略协同程度远高于其他资管机构，因此，理财子公司在战略上要保持和母行相向而行，要承担全行转型发展的战略需要，发挥业务转型和稳定发展的重要作用，既要错位发展，更要协同进步。从业务上来看，理财子公司要充分利用客户优势和渠道优势，为客户提供投融资、咨询管理、理财服务等综合性的金融服务，促进自身与母行投融资业务的联动发展。

外部生态圈是指理财子公司要充分发挥主观能动性，要主动向其他外部机构学习靠拢，要充分利用基金公司、券商资管和保险资管机构的优势，实现资源整合统一，在竞争中求合作，在合作中谋发展。从国际资产管理行业发展的趋势来看，资产管理不仅仅是自有资产的管理，还是全市场的资产管理，为投资顾问与终端客户提供解决方法，实现由资产管理规模（assets under management，AUM）向资产服务规模（assets under administration，AUA）竞争的转变。服务资产的概念与管理资产的概念最大的区别就在于被动管理的资产部分。大量的被动投资需求不断涌现，与其他资管机构的合作会越来越重要，这形成了构建外部生态圈的需求。另外双方业务之间存在着差异性，可以相互取长补短，为相互合作提供了基础。理财子公司在研究能力上不如证券公司，在投资交易方面逊色于基金公司，在资金来源稳定性方面无法和保险机构相提并论。但是理财子公司有自身的渠道、协同、风控等优势，双方存在相互合作的基础。虽然理财子公司与外部资管机构之间存在竞争关系，但是，相互竞争并不排斥与其他金融机构的协同，良性的竞合关系也是长期发展基调。

构建生态圈对于理财子公司而言可以弥补自身不足，发挥自身优势。一方面，理财子公司可以充分利用内外部生态圈的优势，聚焦不同机构的人才和资源，为客户提供全方位一体化的金融服务，满足客户多元化的金融产品需求；另一方面，也可以发挥内部渠道优势和外部专业机构的长处，实现资源互补、信息共享，为优质企业提供全流程、全生命周期的金融服务。

三、建设三大体系，实现突破

银行的资产管理部主要重视投资方面，对于其他体系的重视程度一般，理财子公司成立后，商业银行除了关注投资外，还要关注产品和风控等板块和体系的构建。

一是建立丰富多元的产品体系。子公司成立前，对于产品的重视程度有限，产品仅仅被看作是募集资金的来源，并没有真实反映出客户对金融服务和产品的需求，是资产管理部主导下的金融供给模式。子公司成立后，要逐渐转变这种思路，要从重视产品向重视客户转变，要加大产品研发力度，根据客户需求和偏好设计不同类型的产品，满足客户多样化的投资需求。

二是建立专业精细的投研体系。投研能力的提升才是理财子公司在未来战胜市场的核心竞争力和核心价值。相较于以前粗放式的投资，理财子公司的投资更需要实现体系化。要以严格的逻辑分析和科学的投研框架为基础，通过团队的专业化分工和持续深入的研究，获取市场的超额收益，并且是可持续的收益。未来的投研管理要形成体系化的机制，要依靠先进的系统和专业的分工实现。通过专业精细的体系，搭建资产配置的框架，科学有效地为不同类型资产提供针对性的配置建议。

三是建立科学有效的风控体系。风险体系科学有效，首先，要实现全流程覆盖，要从产品研发开始贯穿发行、销售、运营等不同环节，包含投资、研发等不同领域，覆盖事前预警、事中控制、事后检查等全过程。其次，要充分运用大数据、人工智能等金融科技手段，由依靠人向依靠技术转变，对风险的预警、发现、处置、后评估等一系列问题，实现快速响应、快速评估、快速处置和快速反馈。最后，要建立完善的风险控制标准、流程和制度，形成"流水化""制度化"的处理方式。

四、构筑四大基础，软硬结合

理财子公司构建基础能力要从软件和硬件两方面去提升。硬实力靠人才、靠科技，软实力靠制度、靠战略。在子公司发展上，大家提产品、投资、科技、风控比较多，但对制度和文化提的比较少。但是子公司的发展既考验硬实力，也考验软实力，制度和文化才是能够体现理财子公司差异化、特色化的根本因素。除此之外，人才与科技是决定理财子公司是否具有竞争力的核心要素。只有四个方面的基础都比较牢固，软硬结合，才能应对市场挑战。

制度方面：理财子公司成立后，不但机构面临重大调整，制度也亟须重建。子公司成立前主要是按照全行的制度开展业务，包括投资研究、产品管理、系统运营、后台清算、风险合规、人力资源等。子公司成立后，要将分散在各分支机构和各部门的业务和职能集中运营、集中管理，这就需要将原有分散在各部门的制度重新整合，同时对组织架构、投研流程、风险管控、考核激励等设定完善的方案。

文化方面：企业文化是一种价值观，是企业员工广泛认同的行为准则和行为习惯，是共同的价值观。由于具有广泛的基础，企业文化有助于提升员工的责任感和归属感。企业文化决定了企业发展的价值取向、发展定位、发展模式等方方面面，一个持续健康发展的企业根源于先进的企业文化，需要企业对文化传承、延续和发展。良好的企业文化会对企业发展产生持续不断的推动力，但是构建企业文化并非一朝一夕就能实现。长期以来，商业银行实行的就是以信贷业务为基础的企业文化，资产管理部也是如此。理财子公司成立后，要实现市场化、专业化，首先就要构建相应的企业文化，这是一个系统的工程，也正是能体现子公司发展特色的重要工作。

人才方面：良好的制度文化、流程机制实施起来还是要靠人。银行资产管理部主要是依靠平台、资金和渠道开展业务，人才的作用在资管业务中并没有充分地发挥作用。理财子公司成立后，客户会更加关注产品的业绩表现，品牌和渠道的重要性会逐步淡化，而对于人才专业性的要求会不断提高。理财子公司要坚持绩效导向的管理理念，坚持内部培养与外部引进并重的人才选拔机制，不断优化人才结构，秉持引进一批、凝聚一批、培养一批、发展一批的理念，努力打造一支专业素质高、业务能力好、合规意识强的高素质、专业化、富有创造力的人才队伍。

科技方面：近年来，互联网技术的发展突飞猛进，直接颠覆了传统金融服务的方式和理念，金融服务无处不在，线上化的金融服务逐渐成为趋势。金融服务的线上化只是金融科技的一种表现形式，科技在金融场景中的应用远不止于此。云计算、大数据等科技手段的应用不仅为产品研发、投资研究、风险管控、绩效考核提供了强大的支撑，也促进了科技与金融的深度融合，智能化、场景化成为未来金融发展的主要趋势。理财子公司要通过自主开发+外部采购的方式，加快投研系统、交易系统、信评系统、风险合规系统、销售系统、估值清算系统等的建设，积极运用大数据、云计算、人工智能等新技术和新手段，促进资管业务的智能发展。

第五节　本章小结

　　理财子公司的成立是商业银行资产管理业务的重大变革，对商业银行和资产管理行业而言都会产生深远的影响。理财子公司的成立不仅有助于解决行业长期以来积累的各种问题，也有助于提升行业的整体竞争力水平，使之在面对金融开放带来的外部竞争中能更加游刃有余。理财子公司成立后迎来了难得的机遇，不仅包括市场发展带来的机遇、政策倾向方面的机遇，还有行业转型的机遇。同时理财子公司作为新生的"非银金融机构"，也面临很多的挑战。比如经营模式要从原来的产品为中心向以客户为中心转变，与母行和其他资管机构的关系需要重新定位，同时理财子公司面临的人才、系统等方面的问题对其产品管理能力提出了挑战。在此基础上，本章也提出要做好战略定位和业务定位，加强与外部机构的合作与交流，构建资管行业的生态圈。要加强产品体系、投资体系和风控体系的建设，通过人才、科技、制度、文化等基础设施的建设，为业务发展搭建良好的体系和基础，促进公司的长期稳健发展。

第九章　理财子公司与公募基金的竞争与合作

2017年以来，随着资管新规的颁布，资管行业迎来了重大的调整和变革。2018年的理财子公司新规和理财新规的相继颁布，开启了资管行业新发展的序幕。2019年，随着理财子公司的相继宣告成立，资管行业的格局出现了调整和变化。对处于同一赛道的公募基金而言，子公司的成立对其产生了挑战和冲击。本章在介绍了理财子公司与公募基金之间差异的基础上，重点分析了理财子公司与公募基金之间的竞争与合作关系，并在此基础上提出了相应的政策建议。如何在相互竞争的关系中，谋求合作的契机，成为资管行业不同经营主体之间需要面对的重要课题。在资管行业出现重大调整和变革的背景下，本章的研究具有重要的现实意义。

第一节　引言

为了规范资管行业的发展，我国自2017年开始采取了一系列的政策措施规范理财业务的发展，并相继出台了《关于规范金融机构资产管理业务的指导意见》（简称"资管新规"），《商业银行理财业务监督管理办法》（简称"理财新规"），以及《商业银行理财子公司管理办法》（简称"理财子公司管理办法"）。三份关于资管行业的重磅文件不仅对资管行业产生了重要影响，更是对银行资管业务、资管行业结构调整都产生了深远的影响。尤其是理财子公司管理办法的发布，催生了资管行业一个新的经营主体。理财子公司的成立对处于同一行业其他类型的机构尤其是基金公司，产生了业务上的冲击和挑战。2019年以来包括建行、中行、农行、交行、工行和邮储银行6家大行，光大、招商和兴业等股份制商业银行，以及杭州银行、宁波银行等城商行相继申请成立理财子公司。工商银行、建设银行、交通银行、中国银行的理财子公司工银理财、建信理财、交银理财、中银理财等相继在2019年成立。理财子公司的相继成立，开启了理财子公司的元年。理财子公司的"呱呱落地"，将深刻影响我国资管行业格局、金融业态发展乃至实体经济融资结构。

相比较而言，我国基金公司成立的历史比较久。1998年最早的一批基金公司南方基金、国泰基金等相继成立，2002年第一家商业银行下属的基金公司招银基金获批成立。基金业协会的统计数据显示，截止到2020年底，我国境内共有基金管理公司131家，其中中外合资公司44家，内资公司87家。其中商业银行控股或参股基金公司21家。五大行旗下均已成立公募基金公司，如中国银行下属的中银基金、农业银行下属的农银汇理基金、工行下属的工银瑞信基金，建设银行下属的建银基金和交通银行下属的交银施罗德基金。理财子公司和基金公司双方在业务类型、组织架构、销售渠道等方面存在着很多的相似和叠加之处，业务之间的竞争不可避免，那么理财子公司的成立会对基金公司产生哪些影响，双方又如何充分发挥相互之间的能力，实现优势互补，成为关注的热点问题。本章将以新发布的理财子公司管理办法为基础，试图分析两者之间的竞争与合作关系。

第二节　机构间的差异

虽然同属于商业银行下属的子公司，组织架构、业务类型、管理方式等有很多相似之处，但是银行理财子公司和公募基金仍然存在很大的区别，具体而言包括以下方面。

一、发展基础的差异

从发展的基础来看，基金公司基本是"白手起家"，不论是资产规模还是相关业务，基本是从零开始。并且从成立之初以来，公募基金公司就是"另起炉灶"，经营业务与银行其他版块之间的联系比较少，除了借用一部分销售渠道，其他方面的协同性都相对较差。

理财子公司则不同，首先从资产规模上来看，理财子公司动辄几千上万亿的资产规模，资金和业务存量规模大，"家底"雄厚。从目前计划注册资本来看，工商银行160亿元，建设银行150亿元，农业银行120亿元，中国银行100亿元，交通银行80亿元，邮储银行80亿元。而从公募基金的注册资本来看，前5名的基金公司注册资本分别为浦银安盛（19.1亿元）、农银汇理（17.5亿元）、鑫元基金（17亿元）、招商基金（13.1亿元）和平安基金（13亿元）。从规模上来看，理财子公司占有绝对优势。其次业务类型上，很多业务是承接商业银行原有业务，开展起来更加得心应手，同时与银行其他业务之间的联系紧密，和银行其他部门的关系更加密切，理财子公司与商业银行的关联紧密度远高于公募基金，以及包括一些银行系的基金公司。

公募基金与理财子公司的发展基础真可谓天壤之别。有如此好的发展基础和业务起点，难怪很多机构都评价理财子公司的成立是"含着金钥匙出生""嫁妆丰厚"。

二、人员组成的差异

从人员构成来看，目前理财子公司的从业人员是以原资管部的人员为基础，再通过外部招聘进行补充。从原有的人才构成来看，理财子公司脱胎于银行资产管理部，历来遵循的是重资产、轻人才的思路。由于投资品种的限制，理财子公司以贷款业务为基础的管理理念和文化为主。这一点与偏重投资管理、股权交易、衍生交易、外汇交易等为主的基金公司管理理念和文化具有很大的差别。从新增人员来看，理财子公司成立后需要配备的人员存在较大缺口，理财子公司可以通过招聘的方式搭建组织架构。如何吸引人才，招聘后又如何留住人才、用好人才成为理财子公司的一个重要的考验。可以说目前理财子公司面临的人才问题还是比较突出的。

基金公司从组建就通过外部招聘组建团队，并且经过了长期的发展，团队相对比较稳定，具有明显的人才优势。一是投资品种的风险程度更高，人员管理能力相对更强；二是基金公司分工更细，人员匹配相对更加科学合理；三是由于薪酬激励到位，基金公司招聘的人员专业性普遍较高，属于行业顶尖人才。但是理财子公司成立后，对权益投资领域的人才和投研领域的人才需求比较旺盛，两者人才争夺将不可避免。

三、战略定位的差异

从战略定位上来看，理财子公司和公募基金虽然都是独立的法人，但是由于发展的基础不同，两者的战略定位有明显的差异。

理财子公司虽然是独立法人，但是由于在产品销售、投资范围、业务协同、人员配备等方面与商业银行保持着密切关系。因此，从战略定位上来看，理财子公司是商业银行的一个业务条线或板块，与其他业务条线的联系非常紧密，战略定位与全行的定位同向性较大。而银行下属的基金公司，虽然也是商业银行的下属子公司，会借助一些销售等方面的资源，但是与商业银行其他版块的关联度相对较小，相对更加独立。除此之外，理财子公司一般是商业银行全资控股，而基金公司主要是通过控股或参股方式参与经营管理，没有全资控股。以银行系的基金公司为例，浦银安盛基金公司的第一大股东浦发银行持股51%，农银汇理第一大股东农业银行持股52%，建信基金第一大股东建设银行持股65%，中银基金第一大股东中国银行持股83.5%，招商基金大股东招商银行持股55%，兴业基金第一大股东兴业银行持股90%，均未完全持股。

因此从商业银行的战略定位来看，相对基金公司而言，理财子公司对于商业银行更加重要。

四、监管标准的差异

从监管角度来看，目前理财子公司的业务主要受《商业银行理财子公司管理办法》和《商业银行理财业务监督管理办法》的监管，这两个文件是由银保监会制定和发布的，理财子公司的相关业务要受银保监会的监管。理财子公司必须由境内商业银行作为控股股东发起成立，注册资本不低于10亿元，注册资本要求实缴，并从商业银行的核心一级资本中扣除。非金融企业参股理财子公司需要参照《关于加强非金融企业投资金融机构监管的指导意见》（银发〔

2018〕107号）的相关要求。除此之外，还必须遵守同一投资人及关联人、一致行动人等参股理财子公司数量不超过两家，或控股理财子公司不超过1家，即所谓的"两参一控"要求。

基金公司主要受《中华人民共和国证券投资基金法》《证券投资基金管理公司管理办法》《证券投资基金托管业务管理办法》等的监管，主管的监管部门是证监会。基金公司设立条件要求注册资本不低于1亿元人民币，且股东必须以货币资金实缴。中国证监会依照法律、行政法规、中国证监会规定和审慎监管原则对基金管理公司的公司治理、内部监控、经营运作、风险状况，以及相关业务活动进行非现场检查和现场检查。

由于分属不同的监管部门，监管标准存在一定的差异。这样的差异，对理财子公司和基金公司的业务发展导向造成明显的不同。

五、业务范围的差异

从目前发布的理财子公司管理办法来看，理财子公司的业务范围除了可以投资一般债券外，还可以通过理财产品直接投资股票。非标债权投资限额管理方面，理财子公司放松了限额控制，仅要求非标债权类资产投资余额不得超过理财产品净资产的35%，放松了总资产4%的限额要求。除此之外，理财子公司的投向还包括公募基金，同时也可以通过私募的理财产品投资私募基金和信托产品等，业务范围更加广泛。

从公募基金的投资范围来看，《中华人民共和国证券投资基金法》规定，公募基金可以投资于上市公司股票、债券及证监会规定的其他债券和衍生产品，但是不得买卖其他基金份额。

因此从业务范围和业务合作情况来看，理财子公司的业务范围相较于基金公司而言更广，可投资标的包括了非标准化债券资产和基金产品等。

第三节　机构间的竞争

理财子公司管理办法的发布放宽了理财子公司在产品销售、投资范围等方面的一系列限制，将会对目前在业务方面有很大重合的公募基金产生重大的冲击和挑战。

一、销售渠道

在理财子公司管理办法发布之前，商业银行理财业务由于受到销售起点高、签约方式不够灵活、宣传渠道和销售渠道受到限制等原因影响，与公募基金虽然之间存在竞争，但是还没有那么激烈。但是理财子公司管理办法的颁布，则改变了这一现状。理财子公司管理办法对银行理财业务带来了以下变化：一是降低了销售起点，理财子公司的产品销售基本不再设置起点，这一点与公募基金1元的销售起点基本无异；二是放松了面签要求，客户首次购买理财不再要求必须面签，可以通过电子网络渠道进行面签和风险评估；三是扩大了销售渠道，除了可以通过存款类金融机构外，还可以通过银保监会认可的其他机构代销理财产品，大大扩展了销售的渠道。这一点上和基金公司的销售渠道基本一致，但是代销基金还需要基金销售资格。四是扩展了宣传口径，其中公募理财产品除了通过本行的柜台和电子等常规宣传渠道外，还可以通过电视、电台、网络等渠道进行公开宣传①，这一点与公募基金规则基本一致。

理财子公司管理办法，放松了理财产品的销售管理要求，使得理财子公司在销售起点、销售渠道、销售面签、宣传渠道等方面与公募基金销售规则基本保持了一致。由于有商业银行的"靠山"，理财子公司在销售方面更加具有优势。

近年来公募基金产品发行规模陡增，行业内部的竞争本身就特别激烈。理

---

① 私募理财产品不可以通过以上方式进行公开宣传。

财子公司办法发布前，除商业银行外，证券公司、期货公司、保险机构、证券咨询机构、基金销售机构等都是公募基金的销售渠道，商业银行的销售占比接近10%左右。理财子公司的成立将会打破现状，使得子公司和公募基金的销售渠道基本重合，这将会重新切分产品销售的"蛋糕"。没有银行系背景的基金公司销售渠道会被进一步挤压，有银行系背景的基金公司也面临着销售渠道和资源进一步被挤压的风险。资金来源是公募基金生存的根本，以往过度依赖商业银行销售渠道的公募基金及中小公募基金生存的压力陡增，面临的威胁和挑战更大。短期来看，理财子公司的净值化转型还需要时间，资金端还不够稳定，并不会对公募基金产生威胁。但是长期来看，理财子公司和公募基金在销售渠道方面有很多的重合，双方之间的竞争是不可避免的。

二、现金类产品

从业务层面来讲，理财子公司最先冲击的就是公募基金的现金管理类产品——货币基金。2018年7月，央行发布的《关于进一步明确规范金融机构资产管理业务指导意见有关事项的通知》里面明确指出，商业银行的现金管理类产品参照货币市场基金"摊余成本+影子定价"的方法进行估值。根据《银行现金管理类理财产品管理办法》《关于进一步明确规范金融机构资产管理业务指导意见有关事项的通知》和《公开募集开放式证券投资基金流动性风险管理规定》（证监会公告〔2017〕12号）等相关规定，从投资的限制条件来看：银行现金管理类产品没有投资规模限制，而公募基金的规模不能超过风险准备金的200倍；投资的正面清单上来看，银行现金管理类的产品范围更广，并且没有产品期限的要求，而公募基金除了投资范围限定得更小以外，还要求投资的产品期限不超过1年；从投资的负面清单来看，公募基金对于可交、可转和股票以及评级低于AA+的债券有明确的限制，而银行现金类产品，则可以投资于股票和非标私募类产品甚至可以投资非上市公司股权。在集中度方面，银行现金类产品除了规定单支债券持仓占净资产的比重和单支债券投资比重外，基本没有特别要求，而公募基金则按照不同的资产类型规定了占净资产比重的上限，例如存款存单10%，固定期限存款30%，非金融企业融资工具10%等，其实在集中度方面比银行理财子公司一刀切的10%做法还是有所放松。在久期管理方面，理财子公司并没有明确规定，而公募基金要求平均剩余期限不得超过120天，前十大份额持有人的集中度越高，平均剩余期限越短；在流动性管理方面，理财子公司要求利率债和政策性金融债的份额占产品净值的比重不低于5%，货币基金除了这个要求外还规定了前十大基金产品基金份额持有人集中度20%时，利率债和政策性金融债的占比不低于20%，如果集中度达到50%时，利率债和政策性金融债的占比得低于30%，投资于流动性受限资产的比重不超过10%。相对而言，货币基金在流动性管理方面的要求更为严格。在杠杆比例方面，理财子公司按照封闭式公募产品、私募产品和开放式公募及分级私募的区分分别设置了200%和140%的比例限制。公募基金则按照大额赎回的规定，要求杠杆比率不超过120%，相对也更加严格。赎回限制方面，理财子公司对于T+0的赎回没有限制，而公募基金要求提现额度不能超过1万元。在偏离度设置方面，目前理财子公司的产品偏离度规则参照货币基金，采用影子定价+摊余成本的方法。

从以上的规定可以看出，在现金类产品领域，理财子公司具有投资限制、管理难度、风险控制等方面的政策优势。同时，相对于公募基金而言，理财产品更具有收益上的优势。只要商业银行给予理财子公司更多的支持，就可以重新定义现金类产品的现有格局。

三、固收类产品

从目前公募基金和理财子公司的经营实际来看，固收类产品的投资将会是双方竞争较为激烈的领域。一方面，从公募基金的角度来看，wind的统计数据显示，截止到2018年底，公募基金中债券型基金占比27.72%，混合型基金中偏债基金占比5.12%，灵活配置型基金占比26.51%，债券投资是基金投资的重要标的。加上公募基金在人才储备、投资经验方面积累了非常大的优势。另一方面，从理财子公司的角度来看，在投资经验和人才储备方面，商业银行在固定收益类产品的投资上具有传统的优势，甚至可以和公募基金的固收投资不相上下，是公募基金的强劲对手。加上理财子公司成立后，将会打破销售门槛和销售方式的限制，将会进一步挑战公募基金固收类产品投资的地位，因此，在固收投资领域，双方将会面临较大的竞争，投资能力出众、人才储备丰富、销售渠道畅通的机构将会在未来脱颖而出、拔得头筹。

四、股权类产品

目前从国内外的经验来看，股权类投资都是基金公司的传统投资优势领域。伦敦咨询公司ETFGI网站的统计数据显示，截止到2018年，股票型基金在全部基金中的占比为41%，在国内股票型基金占比16.87%，混合基金中偏股基金占比12.54%。股权类产品也是重要的投资品种。理财子公司管理办法发布前，商业银行的理财资金是无法直接投资股票的，这就使得基金公司有天然的投资优势。理财子公司管理办法规定公募理财产品可以开立股票账户直接投资上市公司股票，但是不得投资于未上市企业股权，同时要求投资股票的份额低于全部发行流通股票的15%。私募产品放开了投资股票的限制，对于集中度也没有再做限制。

理财子公司公募产品可以直接投资于上市公司股票，大大拓宽了理财资金投资的范围。从短期来看，放松投资股票市场的限制，不会马上冲击公募基金。这主要是因为银行理财擅长固定收益投资，并且购买银行理财产品的客户大多是为了追求固定收益，风险偏好较低。而公募基金擅长权益类投资，购买公募基金产品的客户大多是为了博取更高的收益，风险偏好较高。投资优势和客户风险偏好的差异，决定了理财子公司在股权投资方面的转变需要一个过程。长期来看，理财子公司会逐步提升股权投资的能力，并不断树立产品品牌形象，未来对于公募基金的挑战是不可避免的。

五、企业人才

投资品种的竞争背后是投资研究能力的竞争，而最终体现的是人才的竞争。从目前的格局来看，理财子公司在固定收益领域具有明显的投资优势，而基金公司的优势主要体现在股权领域，研究的基础和能力也比较突出。未来随着两者之间业务内容的重叠和统一，相互之间的业务界限会逐步打破，人才竞争将不可避免。一是随着理财子公司的成立，薪酬体系会相对独立，市场化的薪酬会增加对人才的吸引；二是理财子公司管理的资金规模巨大，投资管理、资产配置等具有吸引力的岗位相对设置较多，为招揽人才提供了潜力；三是理财子公司由于有商业银行的股东背景，平台高、发展潜力大，有吸引人才的重要基础。相比较而言，基金公司的薪酬体系更加灵活，对人才的吸引力更强。

第四节　机构间的合作

理财子公司管理办法发布后，很多的学者和业界专家将研究的重点主要放在了理财子公司成立对于公募基金的冲击和影响上，甚至得出了"既生瑜、何生亮"的感慨。其实理财子公司和公募基金虽然业务上、销售渠道上有很多类似的地方，但是两者绝对不是此消彼长的关系，在不同的领域两者互有所长，如果能够相互借鉴，互为补充，就能实现双方良性的发展。从银行来讲，商业银行具有较强的流动性管理能力和雄厚的资金实力，可以更加有效地抵御风险，公募基金资金管理效率和盈利能力都比较突出，双方都有各自的优势。

一、资金合作

理财子公司成立后可以在以下方面与公募基金进行合作。一是注册资本方面，银行作为控股方，可以广泛吸收社会资本，引入不同的力量包括公募基金参与理财子公司的创设，银行可以以更少的资本撬动更大的投资，同时能够学习和借鉴基金公司的优势，实现快速成长和发展。对于基金公司而言，参与理财子公司的投资可以获取市场发展带来的红利，并且可以学习商业银行在大规模资产管理和流动性管理方面的经验。二是理财子公司可以通过MOM和FOF等形式借助基金公司的优势进行投资。从近期的监管政策导向上来看，监管是严格禁止多层嵌套和通道的，尤其是为了规避监管开展的嵌套和通道业务。但是资管新规和理财子公司管理办法都对公募证券投资基金给予了例外的规定，允许理财子公司开展与公募基金的合作。三是理财子公司的公募产品可以与公募基金进行投资顾问合作，私募产品可以与公募基金和私募基金进行投资顾问合作。监管对于机构间以投资顾问的形式开展合作是持积极态度的，同时在资质、信息披露等方面有严格规定。理财子公司也可以开展理财顾问和咨询服务。双方可以通过这种形式，充分发挥各自的优势，实现优势互补。

二、研究资源

公募基金成立的时间比较长，研究力量配备比较齐全，已经建立了较为完备的投研体系。而理财子公司的前身是资产管理部，缺乏专业的研究团队，除了大行和部分股份制银行外，很多都没有专门的研究团队。同时，已经有研究的团队，也缺乏投资与研究之间的互动。

因此，理财子公司可以借助公募基金的研究资源优势，一是借鉴公募基金的经验，构建投研框架。公募基金成立的时间比较长，并且独立运行多年，已经具备较为完整的组织架构和投研体系。同时由于参与股权投资，在行业研究方面更具有优势。目前基金公司在研究方面建立了宏观研究、策略研究、行业研究等系统化的研究体系。理财子公司成立后也有相应的需求，可以充分借鉴和参考公募基金的现有框架，不断构建研究能力的组织基础。二是理财子公司可以充分借助公募基金的外脑，通过分享研究资源，提升对于市场的分析和判断，提高投资工作的科学性。和证券公司类似，公募基金也会发布大量的研究报告和研究观点。不同于卖方的研究思路，作为市场的买方，公募基金相关的研究更加基于投资的实际，更具有实践意义和指导意义；三是理财子公司除了信评系统外，还可以依托分布广泛的分支机构开展投前、投后的管理，尤其在获取非公开信息方面具有明显的优势，公募基金可以加强这方面的信息交流，提升信评工作的时效性和针对性。

三、系统资源

资产管理业务涉及的系统较多，包括资产管理系统、产品销售系统、信用评级系统、债券交易系统、外币交易系统等。从目前的情况来看，理财子公司主要是依托银行的系统资源，商业银行在资产管理系统、产品销售系统等方面具有明显的优势。未来理财子公司一旦成立，对于系统的需求会进一步提升，尤其是信用评级系统、外币系统、衍生品交易系统等，这些都是商业银行系统开发的短板。相对来讲，基金公司独立运行时间较长，已经具备了较为完善的系统资源，后期系统开发的压力相对较小。在信评系统、外币系统、衍生交易系统等方面具有传统的优势。

双方互有优势和劣势，存在合作的基础。一是双方可以相互学习、相互借鉴，搭建系统框架。目前系统开发企业众多，开发的系统良莠不齐。同时由于系统开发的投入巨大，系统开发又具有很大的连续性，中间更换的成本非常高。因此选择一个合适的系统开发商就显得至关重要，双方可以在这方面多加强交流，提高系统开发选择的科学性。二是双方可以采取联合开发，共同使用等方法，实现系统资源的共享。系统开发的前期投入非常大，同时系统开发后的复制成本又相对较低，如果能实现联合开发，一方面能够降低开发成本，另一方面双方也可以从不同角度提出系统开发的需求，不断优化系统功能。三是双方可以依托系统优势提供投资顾问服务。双方可以依托资源进行合作，尤其是在信用评级系统和市场分析系统、预警系统等方面都有合作的基础。

最后，在系统资源的合作和共享的同时，也要做好相应的身份验证和风险隔离，保障交易和投资的安全。对理财子公司来讲，可以把银行的资源和基金的优势协同起来，通过发挥资产配置和销售渠道的优势，促进资金的流通。对基金公司而言，可以通过与理财子公司的合作获取客户、资金、渠道等方面的资源，实现业务能力的进一步提升。

理财子公司的公募理财可以投资非标准化债权资产，这相比于公募基金是极大的优势。同时非标的规模不再与表内资产规模挂钩，仅与理财资产规模相挂钩，同时也不适用非标资产客户集中度和纳入统一授信的要求，是对理财子公司开展非标业务较大的放松。

第五节　本章小结

　　未来商业银行将会通过以下渠道开展资产管理业务，一是理财子公司，二是资产管理部，三是下属的基金公司或其他资产管理机构。从形式上来看，理财子公司对基金公司的影响是最大的，资管业务的格局将会重新被定义和改写。双方要在竞争的基础上不断寻求合作，在相互取长补短的竞争与合作中不断进步和发展，既要实现互利共赢，又要实现错位竞争。

　　对于基金公司而言，主要的压力来源于渠道和资金，为了积极应对理财子公司的冲击和挑战，基金公司主要做好以下工作：一是拓展销售渠道，减少对商业银行渠道的过度依赖；二是减少对商业银行同业资金的需求，丰富产品类型，扩大其他类型资金的来源；三是发挥专业优势，在理财子公司目前涉及较少的领域拓展客户和资源。

　　对于理财子公司而言，最主要的压力来源于机构调整和业务转型。为了应对压力，理财子公司需要做好以下工作：一是加快机构调整和人才储备，搭建理财子公司的架构；二是加快产品转型，适应监管和市场需要；三是加快系统改造升级，满足理财子公司成立后在投资、销售和管理等方面的需要，提升效率；四是解决转型后的存量业务问题，尤其是过渡期结束后，部门不合规的业务和产品的问题。

第十章　理财公司的销售管理

随着资管新规的发布和理财公司的相继成立，商业银行理财业务面临着根本性的调整和变化。在理财机构变革和产品转型的背景下，理财公司销售管理办法应运而生。新的管理办法在业绩基准、适用主体、责任认定和机构资质方面都有明显的变化，并且在代销机构、销售渠道、销售资质、风险等级、宣传材料等方面与基金销售有所不同。销售管理办法体现了打破刚性兑付、保护投资者利益和统一监管规则等核心宗旨，对于规范理财产品销售具有重要意义。

第一节　引言

2021年5月27日，银保监会发布了《理财公司理财产品销售管理暂行办法》（下文简称"销售新规"），并于2021年6月27日正式实施。为了保持理财产品销售市场的稳定性，销售新规还设定了半年的整改期，以利于理财公司和代销机构等在整改期内实现产品销售的合规。

理财产品销售是理财市场运行的重要环节，它既是理财产品运作的起点，也是运作的最终目标。一方面，理财产品销售可以充分发掘和体现客户需求，从而对产品设计、投资等产生反馈，因此是产品运作的起点。另一方面，理财产品的销售，也最终反映了产品的市场认可程度，是产品运作最终目标的体现。因此，产品销售对于理财市场的重要性是不言而喻的。另外，产品销售背靠理财公司，面向客户，理财产品销售的规范性、合规性关系到普通投资者的利益，也是理财公司实现战略定位的重要体现。

自2004年发行第一支理财产品以来，理财市场的制度建设就在不断完善。

关于银行理财的销售管理，最早的规范性文件是2011年银保监会发布的《商业银行理财产品销售管理办法》。这个办法建立了理财产品合规销售的监管框架，对规范产品销售行为、推动产品信息披露等方面发挥了积极作用。该办法运行至今，已经有十年的时间。这十年间，理财市场已经发生了翻天覆地的变化。尤其是随着资管新规的发布，理财市场的管理模式和运作模式已经发生根本性的变化，理财产品净值化改革不断推进，对理财产品设计、投资、运营等产生了深刻的影响。理财产品净值化转型已经渐行渐近。为了适应产品转型和产品模式变革的需要，银保监会在2020年12月发布了《商业银行理财子公司理财产品销售管理暂行办法（征求意见稿）》，并于2021年发布了正式的指导意见。理财新规的发布是对理财公司销售业务的规范管理，对于促进资管产品销售规则统一、实现理财业务的净值化转型和稳定健康发展具有重要意义。

第二节　销售新规内容详解

一、新规新在哪里

理财新规历时十年，重新全面修订。与之前的理财产品管理办法相比较而言，销售新规有明显的不同，具体表现在以下方面：

第一，对业绩基准的展示有更加严格的规定，禁止变相宣传预期收益率，打破客户的刚性兑付预期。在以往的规定中明示或者暗示保本保收益的情况比较普遍，本次新规重点强调了这一点，严格禁止以各种方式承诺刚性兑付收益。

第二，明确办法适用主体，不仅包括商业银行理财子公司，也包括了经银保监会批准设立的理财公司，名称上也从原来的银行理财子公司变更为理财公司，这也是监管首次采用这一概念表述。监管机构也从银行业管理机构调整为银保监会及其派出机构，强调了属地管理职能。

第三，理财公司和代销机构销售责任共担，同时要加强对代销机构的管理。理财新规要求理财公司需要定期开展对于代销机构的规范性评估，并上报与代销机构的合作。

第四，理财产品的销售不得由互联网代销机构开展，必须由具有相应代销资质的存款类金融机构开展，进一步界定了理财产品销售渠道和范围。

二、与基金销售规定的区别

目前市场上销售的资管产品除了理财外，还有基金、保险计划、资管计划等，其中基金是和理财产品形态最接近的资管产品，也是理财业务发展的方向之一。目前基金公司在销售方面出台了相对完善的办法，包括《基金销售机构监管办法》《公开募集证券投资基金宣传推介材料暂行管理办法》等一系列的规范文件。理财销售新规在一定程度上借鉴了公募基金销售管理办法的相关规定，有利于促进销售规则的统一。但是两者由于监管体系和监管机构的差异，在销售管理方面仍然存在一些差异。

如在代销机构方面，理财产品的代销范围较窄，仅限于理财公司和存款类金融机构，其他类型的机构虽然可以代销基金，但是不能代销理财产品。在销售渠道方面，基金可以在互联网平台、第三方销售机构销售，但是理财产品不可以。可以看出，监管对于理财产品的销售采取了更为审慎严格的态度。理财公司可以相互代销产品，但是公募基金不允许。在销售资质方面，公募基金销售人员需要取得基金销售资格证书，而理财产品销售人员只需登记审查即可。在风险等级评定方面，理财新规对理财产品风险等级的评定由理财公司与销售机构决定，并未提出明确标准。但是公募基金对基金产品风险等级评定则给出了详细全面的指导，并出台了专门的指导意见《基金产品或者服务风险等级划分参考标准》。在代销材料宣传方面，未经理财公司同意，代销机构不得随意修改宣传材料内容，而代销机构在宣传公募基金方面则具有更大的自主权。

三、核心内容

销售新规是在资管新规下，对理财公司销售行为进行的规范，是规范机构从事资产管理业务的重要文件。其核心内容包括以下方面：

第一，打破刚性兑付。这也是理财销售新规着重提出的，尤其是关于产品业绩基准的禁止性条款。不要披露没有任何测算依据的业绩比较基准，不得单独或者突出使用绝对值、区间值等展示比较基准。避免误导投资者，形成刚性兑付的预期。这些条款不仅与2011年发布的理财销售管理办法明显不同，还在2020年底的征求意见稿的基础上着重强调了这一点，充分表明了监管对于打破刚性兑付预期的重视，与资管新规的指导意见保持了基本一致。

第二，做好投资者保护。保护好投资者利益是理财产品销售的基本原则，为了最大限度保护投资者利益，理财销售新规在不同方面都有所规定。一是在产品风险等级认定方面，销售产品与理财公司产品风险等级认定不一致的，应该用两者取其高的方式披露产品风险等级。二是在销售机构选择方面，销售机构需要满足人员配备齐全、财务状况稳健、运作稳定规范、渠道独立管控、数据安全可靠、制度体系健全等要求。三是在主体责任方面，界定理财参与主体的责任，理财公司与代销机构共同承担合规销售和投资者保护的义务。四是加强投资者适当性管理，投资者要购买与自身风险能力相匹配的产品，严格禁止错配销售。这一点与公募基金有所差别，公募基金除风险认定等级最低的客户外，在经过"二次风险提示"后，可以购买高于自身风险等级的产品。但是理财在这方面的规定更加严格，也不允许虚假宣传、捆绑销售、违规代客操作等。同时还规定理财产品线下销售需要在理财专区录音录像，产品风险等级在四级以上的产品，需要投资者临柜购买，或有书面约定。

第三，统一监管规则，虽然理财产品销售新规与基金销售规范性文件有所区别，但是整体上来看，监管规则在逐步统一，只是为了理财产品投资者的特点和保持净值化转型的稳定性做了部分专门的规定。例如在产品销售最终的业绩基准方面，理财产品销售新规很大程度上是参照了基金业绩基准的确定方式，公募基金普遍采用相对业绩的比较基准，这也是未来理财产品的制定基准的方向。当前理财产品的净值化转型还在进行中，不论是理财机构还是投资者对净值化的认识都需要一定的时间，保持政策连续性、平稳性对市场是非常关键的。但是总体来看，监管政策的统一有利于规避监管洼地，规避监管套利，规则的逐步统一是大势所趋。

第三节 对策建议

针对销售新规的出台，理财机构要在宣传销售、系统改造、机构人员管理等方面进行一系列的调整，以满足监管和市场对理财产品销售规范性的指导和期待。

一、把保护投资者利益放在首位

理财销售新规将保护投资者合法权益单独成章，并且在总则里面也强调了投资者保护的重要性。监管历来重视投资者保护工作，并将其作为金融监管的宗旨和目标。作为代客理财的资产管理机构，保护好投资者利益是基本的定位和要求。理财机构做好投资者保护，需要着重从以下方面着手：

第一，做好风险认定和风险揭示。一是要根据投资者的基本信息、财产信息、风险偏好等，做好风险画像，并在此基础上做好客户风险等级的评定，以此作为理财产品销售的基本依据。二是做好产品的风险揭示，要在醒目位置提示投资者"理财非存款"，理财业务与存款业务有本质的区别，没有保本保收益的安排。提示投资者仔细阅读产品说明书，尤其是风险提示部分的相关内容，同时让客户对产品结构、产品形态、投资运作有基本的认识和了解，并对风险认知情况做签字确认操作。

第二，实现销售结算资金与自有资金的隔离。理财公司业务经营的特点就是代客理财，是委托和受托关系。因此，实现结算资金单独存放、单独管理，避免随意挪用、随意清算等，是保护投资者利益最重要的举措。理财机构要严格按照销售新规要求，做好账户分离工作。

第三，做好风险管理与内部控制。一是要做好各项制度建设，尤其是在销售管理方面，搭建完整的框架体系，保证销售行为有章可循。二是优化业务流程，建立董事会、高管等分级风险管控体系，并做好定期报告，对于客户投诉建立响应机制，妥善处理客户的投诉。三是建立专门的人员和机构对销售活动、理财产品进行监督管理，确保销售行为的合规。四是与代销机构建立反欺诈联防联控，切实保护投资者利益，并做好投资者信息保护。

二、打破刚性兑付推进产品转型

理财销售新规作为资管新规的配套文件，遵循了资管新规的政策导向，坚持打破刚性兑付，实现产品净值化转型的基本要求。理财销售机构在产品销售中，也要把握这一基本原则，推进资产管理市场向着净值化、市场化、专业化的方向迈进。

第一，不得变相宣传理财产品的预期收益。虽然资管新规发布已经两年多的时间，但是部分理财产品在销售中仍然明示或者暗示地使用预期收益的方式向客户推销。比如，夸大产品的收益水平，尤其是宣传产品部分历史阶段的收益表现；片面宣传产品的收益，而没有提示客户关注投资风险。因此，理财产品销售中必须做到全面客观地展示历史业绩，不做虚假宣传，在销售产品前向客户充分解释投资风险，不预测产品收益水平，提示客户收益会随市场波动而波动。

第二，不得违规承诺收益。一是要实现理财产品与存款等的独立销售，不能混同，给客户传递保本保收益等信号，理财产品需要专区销售，并明确标识；二是不得为理财产品本金或收益提供各种形式的担保，尤其是不能承诺保本保收益。

第三，规范使用和展示业绩基准。销售新规在基准展示方面明确提出了禁止性的要求，这也是与征求意见稿相比变化最大的地方。目前基金公司普遍采用的是相对收益率的基准展示方式，理财公司普遍采用绝对收益，客户已经适应了这种展示方式，简单易懂。但是新规要求逐步规范基准，尤其是不能采用单一数值或者区间等展示基准。理财公司一方面要严格按照销售新规要求规范展示基准，对于存量不符合新规要求的产品，需要在6个月内完成整改；另一方面，客户接受相对收益的基准是存在困难的，理财公司销售机构和代销机构也要做好投资者教育。

三、加强销售人员和机构管理

销售新规最主要的是通过约束理财公司和代销机构的行为，达到理财业务规范销售的目的。因此，加强销售人员和代销机构的管理是促进理财销售规范化的有效途径。

第一，从销售人员管理来看，一是要加强销售人员资质管理，目前理财产品销售人员不需要持证上岗，但是必须经过销售机构的资质认定，并有相关合同约定，具有资质销售人员需要在显著位置予以展示。二是加强对销售人员的培训、持续督导和检查，避免出现销售违规行为。三是销售人员不得误导销售，推荐不符合投资者个人风险承受能力的产品，要充分尊重投资者意愿。不得诱导客户进行短期频繁操作，以获取不当利益。

第二，从销售机构管理来看，一是加强理财销售事前管理，要强化对于代销机构资质的审核，履行对于代销机构的管理责任，审慎选择代销机构，满足销售新规对理财销售机构资质的认定标准。二是加强销售事中管理，理财公司需要和代销机构签署规范的文本协议，在协议中列明双方的责任与义务、合作的流程与程序、管理的方式和方法等。三是加强对销售机构的持续监督管理，定期开展规范性评估和尽职调查，建立名单管理制度，在准入流程、风险防范、信息披露等方面建立相应的管理机制。

四、做好系统改造和信息披露

销售新规在系统接口和信息披露方面也做了相关的规定，有利于进一步促进销售业务的合规。

第一，在系统建设方面，销售新规在理财公司加强对代销机构的管理方面提出了更加明确的要求，需要理财公司切实履行管理职责。而通过系统管理的方式，可以实现有效的管理。一是做好理财公司产品管理系统与代销机构业务管理系统的接口管理，保证理财公司与代销机构信息传递的准确性和流畅性。二是加强网络安全管理和信息系统安全管理，建立反欺诈体系。三是充分发挥系统的信息申报功能，及时准确地向监管机构申报各项销售信息和数据。

第二，在信息披露方面，一是理财公司和代销机构要做好理财产品销售等材料的信息披露，保证信息披露的公开透明准确完整，通过官方或者同意的信息渠道披露信息，并对发布的信息负有管理职责。二是必须在履行产品登记编码后再进行产品销售宣传，不得违规提前向客户推荐产品。三是通过电子渠道销售理财产品的，需要在征得投资者同意的前提下，保证整个销售过程可以回溯检查，保证销售信息的完整、清晰。四是理财销售机构要向监管机构定期报送销售相关统计数据和报表，向产品登记机构报送产品申报相关信息，向产品结算机构上报结算信息等，并做到信息的准确、及时、完整。除此之外，理财销售机构也要做好投资者信息保护，不得违规使用投资者个人信息进行获利行为。

第四节　本章小结

理财销售新规的发布是资管新规等规范性文件的配套规则，有利于进一步推动理财产品销售的规范化、合规化，对于打破刚性兑付，实现理财业务的净值化转型具有积极意义。理财公司和代销机构要把握理财销售新规的核心，把保护投资者利益放在产品销售工作的首位，做好投资者利益保护工作；要坚持打破刚性兑付的理念，不断推进理财产品净值化转型；要加强销售人员和销售机构的管理，规范约束人员和机构的销售行为；要做好系统改造和信息披露，为产品销售的规范化提供基础。

如果把理财产品从研发到最后到期清算看作一个生命周期的话，产品销售只是其中的一个环节和阶段。做好理财销售，可以为产品的运作管理奠定良好的基础，从这个意义上来讲，提高对理财产品销售的程度是非常有必要的。但是从另一方面来讲，产品销售不能与其他环节割裂开来，作为一个孤立的环节，不能为了销售而销售，产品管理的核心还是要做好产品运作，最大限度维护客户利益，履行理财机构代客理财的职责。

第十一章　理财公司的企业文化构建

　　理财公司作为新生的"非银金融机构"，面临着企业文化重建的问题，同时大量的外部人才招聘，也让理财公司面临内外部人才文化融合的问题。企业文化决定了企业发展的战略和方向，对企业的经营和发展具有重要意义。在资产管理行业出现重大调整和变革的背景下，理财公司需要构建合规、协同和绩效文化。为了构建企业文化，建议理财公司完善制度体系、实现优势互补、加强绩效考核等。随着理财公司的不断发展，企业文化的重要性会愈发凸显。

第一节　引言

　　随着资管新规、理财新规和理财子公司管理办法的出台，商业银行理财公司相继成立。理财公司脱胎于商业银行的资产管理部，作为商业银行的一个部门，它的体制机制、管理模式和企业文化与商业银行一脉相承。但是随着理财公司的成立，它已经作为一个独立的市场主体参与市场活动，这种独立性不仅表现在业务方面，也表现在企业文化等方面。在业务转型和大规模社会招聘中，企业的经营模式、管理方式、组织机构、业务流程等都有革命性的变化，随之而来，企业文化也需要重新建立。商业银行的文化是建立在信贷业务基础上的，追求安全稳健的管理机制和体制。而资产管理业务是建立在投资管理基础上，追求风险和回报相对平衡的代客理财经营理念，这两种文化之间存在着很大的区别。

　　对于企业发展而言，人才、资本、厂房等都是看得见的投入，对企业发展和经营的影响也是显而易见的，但是企业文化作为企业发展的软实力是无形的。与制度、流程等还有所不同，文化的影响力是潜移默化的。很多时候大家并没有感受到文化的存在，但是身处其中却无一例外受到企业文化的影响。在理财公司发展上，不论是专家还是业内人士，提产品、投资、科技、风控比较多，但是对制度和文化提的比较少。从长远来看，理财公司的发展既考验硬实力也考验软实力，硬实力靠人才、靠科技，软实力靠制度、靠战略。制度与文化决定了企业发展的战略，并由此引申出公司的人才战略、科技战略、投资战略等子战略，通过人才和系统资源的配置来满足战略需求，资源配置最终体现出来的就是理财公司的各方面的能力。因此，制度和文化才是能够体现理财公司差异化、特色化的根本因素。

如果把体制机制看作公司经营的骨架，企业文化则是流淌在其中的"血液"。企业文化影响公司经营的方方面面，并且影响是长远的，持续不断的。因此，树立科学的企业文化对于企业的长期健康发展是至关重要的。理财公司作为新成立的"非银"金融机构，重塑企业文化有利于其长远发展。

第二节　构建科学合理的企业文化

理财公司的文化重构需要建立在原有文化建设的基础上，由于转型后业务经营模式与其他资产管理机构基本趋同，因此也面临着外部激烈的竞争。因此，理财公司在面临外部竞争和内部协同的背景下要想取得不断发展，需要构建以下企业文化。

一、合规文化

党的十九大报告中明确提出，要健全金融监管体系，守住不发生系统性金融风险的底线。而防止系统性风险的重要措施，就是保证金融机构的合规审慎经营。从这点来讲，合规文化也是理财公司必须坚持的基本原则。除此之外，理财公司强调建立合规文化还基于以下原因：一是从母行的角度来看，国内的理财公司基本上是从原来的资产管理部整体划转而来，因此天然带有商业银行的基因。保持合规文化能够与总行的整体文化氛围保持一致，实现了文化属性的连贯性和一致性，有利于减少文化变革的阻力。二是从客户的角度来看，理财公司的客户基本上是原有的商业银行客户，风险偏好较低，客户对理财产品的合规性要求重视程度较高，这也是保障理财产品收益安全的基础。三是从监管的角度来看，由于商业银行在我国金融体系中的重要作用，对于商业银行等的监管历来较为严格，理财公司作为商业银行的子公司，在监管方面也保持了严格的风格，尤其是合规性方面更是如此。

二、协同文化

党的十九大提出，要着力提升改革的系统性和协同性，从全局性和整体性的视角推进改革，协同已经成为推进各项伟大事业不断前进的宝贵经验。理财公司也要加强协同文化建设，一是作为商业银行的子公司，理财公司具有天然的协同优势，这突出表现在母行丰富的资源方面，如渠道、资金等，可以为理财公司的发展提供必要的支撑。二是商业银行业借助理财公司的优势，一方面可以为客户提供更加多样化的金融服务；另一方面，也可以作为获客、留客的重要载体，成为商业银行延伸金融服务、完善产品体系的重要基础。三是理财公司成立后对于如何发展、选择何种发展模式其实存在争议，但是不论何种模式和道路，协同都是理财公司需要优先考虑和研究的问题。发挥协同优势，对于商业银行和理财公司而言都是互利共赢的事情。

当然，业务协同不意味着理财公司完全背靠商业银行的优势，不再寻求自身能力的提升和业务的拓展。协同是相互借力，是一种战略的协作，但是又比一般的协作合作得更加紧密，是各种要素和资源的耦合。对于商业银行和理财公司而言，协同不仅仅包括渠道、产品方面，也包括人才、制度、系统、信息等方面。理财公司建立协同文化，是与其他类型资产管理机构差异最明显的地方。

三、绩效文化

对于监管而言，理财公司的成立有助于推动银行理财业务的转型，有助于打破刚性兑付，让理财业务回归代客理财的本源。当然，监管虽然鼓励商业银行成立理财公司专营理财业务，但并非强制性要求，成立理财公司是可选项，商业银行成立理财公司更大程度上是自主选择的结果。对于商业银行而言，成立理财公司，一方面是为了享受各项优于资产管理部的政策；另一方面，理财公司也被寄予了厚望，是商业银行进行金融改革和金融创新的试验田，在商业银行业务的推进和提升方面具有积极作用。理财公司可以推进商业银行进行市场化改革，并且构建以绩效为导向的企业文化。从现代企业管理的制度来看，建立以业绩为导向的绩效文化是企业文化建设的总趋势。

理财公司建立绩效文化，一是有利于激发广大干部员工干事创业的热情，提升工作的积极性。从理性经济人的角度来看，个体会最大化自己的利益，而绩效考核则改变了个体的成本收益，从而引导个体实现组织目标。二是绩效文化也符合现代企业的管理制度，有利于提升理财公司的整体实力，向先进和一流的资产管理机构看齐。从国外先进的资管机构经验来看，推动市场化改革，并加大绩效考核，有助于提升机构的专业能力和水平。三是有助于营造公平公正的氛围和文化，吸引更多优秀的人才。"不患寡而患不均"，一个公平公正的考核制度，会向员工传递按贡献分配、公平竞争的信息，有助于吸引更多有事业心、有创造力的人才加入理财公司。

第三节　对策建议

理财公司建立合规、协同和绩效文化既是促进业务转型发展的重要保障，也是最大程度发挥自身优势和长处的重要保障。为了推动理财公司建立和完善以上文化，建议采取以下措施。

一、完善制度体系

制度体系是公司规范发展的保障，为公司的发展提供了遵循的路线和指引。完善制度体系是实现企业合规运营，建立合规文化的重要基础。

第一，制度体系让合规有法可依。企业的合规经营需要有判别的依据，而这些依据很多都是来自完善的制度体系。不断完善的制度体系，让企业在运行中有章可循，避免出现偏离合规经营的问题。对于理财公司而言，制度体系的建设更加重要。由于理财公司刚刚成立，需要重新搭建公司的制度体系框架，这些制度体系的建设，让企业在日常的运行中能够找到正确的方向，也提供了判别业务合规的标尺。

第二，制度约束起到了纠偏作用。企业运行发展中，随着业务量的增加，人员的不断增长，企业的合规经营必然会受到各种冲击。而一旦出现偏离合规经营的情况，制度体系就起到了纠偏的作用，会让违规行为得到纠正，重新回到正确的轨道上。当然，为了保持制度的科学性和有效性，一方面，制度的建设要参照监管的规定，不能背离监管的方向；另一方面，也要建立相应的处罚机制，让制度的纠偏机制能够充分地发挥作用。

第三，合规文化的建立需要人才技术支持。一个完善的制度体系能够贯彻执行，则需要一支合规审慎的队伍，参照制度的要求，对员工的行为进行监督和约束。因此，为了维持企业的合规经营，必须建立强有力的合规队伍。对于理财公司而言，企业经营的合规性应当是放到首位的，这是由商业银行的股东背景和客户特点决定的。为了坚持合规稳健经营，必须参照商业银行的模式，建立相应的合规人才队伍，做好日常监督。

随着理财公司业务的发展，"资金池"管理的模式会逐步被打破，通过大产品集中运作的方式满足几乎大部分客户的需求，难以适应新形势下资产管理业务发展的趋势。随着理财公司的管理模式从管理产品到经营客户的转变，人员和产品的数量会呈现爆发式的增长。在这种经营模式下，通过人工的方式对人员和业务进行全面科学的监管已经变得非常困难。这种情况下，发挥金融科技的作用就显得至关重要。通过大数据、云计算等，设定监管指标，可以起到有效监管的作用。

二、实现优势互补

协同是建立在双方优势互补的基础之上的，到底哪些方面进行协同，如何进行协同，哪些方面需要保持业务的相对独立，这是建立协同文化首先要考虑的。做到协同，首先要发现双方的差异，如果业务模式、经营情况完全一样，就没有协同了，就是整体和局部的关系。其次要在差异的基础上分析自身的优势和劣势，寻找协同的点。最后，协同不等于绑定，要把握协同的界限，做到和而不同。

第一，寻找差异。从资金来源上来看，商业银行与理财公司的资金分别属于表内资金和表外资金。表内资金需要接受严格的监管，更加注重投资的安全性，而表外资金是代客理财资金，产品的风险等级与客户要保持一致，追求的是风险与收益的均衡。从投资模式上来看，商业银行还是信贷投放的模式，并且采用完善的分支行管理模式，渠道、项目资源丰富，而理财公司是投资管理模式，对投资管理能力要求更高。从成立时间来看，商业银行成立时间相对较长，具有丰富的投资管理经验，具有人才、资金、信息、技术等方面的优势，而理财公司虽然有母行资本金的支持，但是在人、财、物等方面与母行完全不在一个数量级上。

第二，分析优劣。相较于母行，理财公司的经营模式已经从赚取利差的传统商业模式向赚取管理费的模式转型，从"看资金吃饭"向"看能力吃饭"转变。因此，理财公司一定要逐步向专业机构转变，提升管理水平和能力。目前来看，母行在资源、体系等方面优势明显，尤其是在系统、渠道、资产、资金等方面有多年的积累。因此，从理财公司的角度来看，对外要寻求投资的专业性，对内要寻求母行的资源支持。理财公司与母行的业务协同不仅仅局限于单一的渠道、资金等的相互支持、相互配合，还会涉及其他各个方面。因此，理财公司也要加强业务流程的梳理和优化，为协同业务发展提供合作的基础和方向。

第三，和而不同。协同不等于绑定，协同是相互借力，共同发展，是共生关系，而非"寄生关系"。因此，在协同过程中也要把握业务边界，避免出现过度绑定的问题。一是目前部分理财公司存在投资业务融资化的问题，比如出于与母行合作的需要，理财公司会购买总行承销的债券，或者出于发行永续、二级债等的要求，存在与其他机构互换投资量的问题，这种操作模式虽然对母行的业务进行了支持，但是有损害投资者利益的风险，偏离了代客理财的本源。二是投资方面过度依赖母行的问题，尤其是在非标资产方面，因为非标资产多来自分支行的推荐，并且主要是来自分行的公司同业客户等，项目来源过度依赖母行，并且风险审核很多还需要总行信贷审批部门审批。未来理财公司要走专业化的道路，短期协同母行资源取得发展是可以的，但是长期还是要依靠自身专业能力。理财公司要与母行保持相互协作的关系，但是不要成为母行资源驱动成长的资产管理机构，而应该是专业驱动、能力驱动型的机构。

三、加强绩效考核

建立绩效考核文化，是推动和实现理财公司专业性的重要基础。而在理财公司内建立以绩效为导向的文化，需要加强绩效考核。

加强绩效考核有助于做大蛋糕。理财公司是商业银行推进市场化改革的重要抓手，既是商业银行的利润来源，也是商业银行市场化改革的试验田。而加强绩效考核则是推动市场化改革最重要的手段，通过有效的考核激励激发理财公司干事创业的激情。

加强绩效考核有助于吸纳人才。在理财公司成立前，商业银行资产管理部门主要负责产品和投资工作，系统、合规、销售等工作基本是由其他部门负责的。而理财公司成立后，将变为独立的法人，相应的功能都需要建立起来，对人才的需求必然大大增加。人员范围将不仅仅局限于投资和产品部门，还会涵盖投资、交易、系统、运营、法律合规等各个方面。但是作为商业银行的子公司，尤其是从原有的资产管理部整体划转而来的机构，理财公司的整体薪酬是受母行薪酬制度限制的。在目前的薪酬体制下，理财公司的薪酬与其他非银金融机构相比，明显缺乏竞争力。虽然理财公司具有较高的发展平台，对人才产生一定的吸引力，但是较低的薪酬短时间内还是会影响理财公司对人才的吸引力。加强绩效考核，则会打破商业银行"大锅饭"的现状，拉开人员薪酬，对部分紧缺人才产生一定的吸引力。并且绩效文化建立后，会进一步推动市场化的运作模式，对市场化人才产生持续的吸引力。

加强绩效考核需要科学设计。绩效考核是"指挥棒"，会对企业的整体运营产生引导作用。因此，建立科学合理的考核体系就至关重要。一是要建立完整的绩效考核体系，覆盖业务全部流程，形成绩效导向的氛围。二是要实现激励相容。按照市场化的原则，实现有效激励，必须满足激励相容的基本原则。即在市场化条件下，个体的目标在一定的体制机制设计下实现与团体目标的一致，从而起到激励员工实现团体目标的目的。三是加强日常监督考核，形成持续考核的推动力。四是加强考核结果的运用，按绩效提供相应的薪酬分配，从而起到激励促进作用。

第四节　本章小结

目前理财公司处于业务转型和扩展的阶段，作为初出茅庐的"非银金融机构"，理财公司的人才需求非常大。理财公司为了大量补充人才，普遍采用了外部招聘的方式。以建信理财为例，其中外部招聘人才的比例达到了60%。外部招聘能够快速地补充所需的人才，但是也带来很多的问题，尤其是外聘人员与理财公司原有文化的融合问题。

企业文化是个比较宽泛的概念，包含的内容是非常多的，不仅包括战略、制度、流程，也包括组织关系等。但是其核心就是价值观，是广大员工的行为准则和道德规范。价值观为员工提供了共同奋斗的目标和方向，可以让大家对共同的事业产生责任感和荣誉感，从而对团队产生认同感和归属感。企业文化看似毫不起眼，却是决定一家企业是否能长盛不衰的根本因素。企业文化决定了企业的发展定位和发展方向，也塑造了员工价值和经营思维，是体现企业经营最本质差异的因素。构建企业文化是一项巨大系统的工程，理财公司建立之初，构建健康向上的企业文化对企业意义重大。

第十二章　理财公司的体制机制变革

　　理财公司的成立是商业银行理财组织机构的重大调整和变动，也带来了体制机制的变革。作为企业发展的上层架构，体制机制问题是决定企业未来发展的重要因素，也是企业竞争能力的重要体现。作为新成立的独立法人，理财公司面临机构调整、人员扩容等问题，必然会对体制机制建设提出新的要求，现有的体制机制难以适应新形势下资产管理业务发展的需要。目前，理财公司在体制机制方面存在以下问题：定位不清晰、分工不明确、风控不科学、协调不通畅。针对以上问题，本章提出以下建议：做好发展定位、优化流程体系、转变风控模式、打破沟通壁垒。在资产管理行业发生重大变革的背景下，本章的研究具有重要的现实意义。

第一节　引言

　　商业银行理财公司是按照监管的指导和要求，以商业银行资产管理部为基础组建而来的专门从事资产管理业务的机构。理财公司虽然是商业银行的子公司，但是由于具有独立的法人地位，经营商具有相当的自主权，因此，业界也把它归入非银金融机构的行列。作为新成立的一类资产管理机构，理财公司既"老"又"新"。作为理财公司的前身，资产管理部成立也有超过十年的历史，是资产管理行业的"老兵"。但是，作为全新的组织机构形式，自2019年第一家理财公司成立至2021年也仅仅两年多的时间，是全新的非银金融机构。近年来，资产管理行业正在发生深刻的变革，行业发展的模式、市场竞争的环境都发生了根本性的改变。理财公司不仅面临组织形式的调整，依托于商业银行的管理方式、体制机制也面临着转变的压力，银行理财作为资产管理行业的"老革命"遇到了发展的"新问题"。

体制机制建设对于企业发展而言具有至关重要的意义，与固定资产等有形的资产不同，体制机制虽然看不见、摸不着，但是作为企业的"上层建筑"，决定了企业发展的方向、效率和水平。具体而言，首先，体制机制是企业战略目标的集中体现，不同的发展目标决定了不同的体制机制。专业化水平要求较高的企业，更加注重决策的效率，而风险偏好较低的企业更加注重层层授权、层层审批，更加注重集体决策。因此，体制机制的建设很大程度上体现了公司的战略目标。其次，体制机制是实现企业战略目标的方式方法，不同的体制机制实际上体现的是不同经营主体在实现目标方式上的差异。从这个角度来看，体制机制也是企业经营模式的集中体现。企业的战略目标、经营模式和体制机制是一以贯之的，是一个有机的整体，经营目标和发展模式决定了相应的体制机制。最后，体制机制体现了一个公司的管理水平和管理能力，是企业运行核心价值能力的重要体现。体制机制的发展如果适应企业发展的战略目标，就会对企业的发展产生推动作用，反之就会阻碍企业的正常发展。因此，体制机制与战略目标的契合度也是体现企业管理水平和管理能力的重要标志。一般而言，高效灵活的体制机制，更利于发挥企业的专业性，提升企业的经营业绩和水平。

体制机制与公司的战略目标和经营模式具有密切的关系，并且对于企业发展具有重要的意义。那么，理财公司成立后，随着经营模式的变化，体制机制建设方面存在哪些问题，又有什么破解之道。本章希望在分析理财公司体制机制存在的问题的基础上，提出相应的政策建议，为理财公司体制机制的建设和完善提供有益的借鉴。

第二节　理财公司体制机制存在的问题

理财公司脱胎于商业银行资产管理部，体制机制也承袭了商业银行。但是理财公司的业务模式是全新的，面临的挑战也是全新的。在现有的业务发展模式下，理财公司体制机制存在如下问题。

一、定位不清晰

定位问题是当前理财公司普遍面临的问题，关系到理财公司的长期发展。战略定位就是确定自己在行业中的地位，并以此为基础处理好自身发展、自身与外部主体之间的关系。从自身发展来看，理财公司需要解决以下问题：一是自己发展的目的和意义，即企业未来要到哪里去。以理财公司为例，主要是确定服务的方向和对象，为谁提供服务，希望达到什么目的；二是通过何种方式实现发展的目标和方向，即新选择什么样的模式和道路实现战略目标。从与其他外部主体的关系来看，理财公司需要解决以下问题：作为独立的法人，同时又是商业银行的子公司，如何处理与母行的关系，与母行内的各部门以及各分支机构之间的关系；作为新成立的"非银金融机构"，如何处理与其他资管机构的关系。

理财公司是伴随着资管市场改革，作为资管市场一种新的组织形式出现的，对于战略定位问题的解决不可能一蹴而就。目前很多理财公司存在定位不清晰的问题，突出表现在以下方面：一是对未来理财公司的发展目标不清晰，在行业大变革的背景下，不能再单纯追求规模的上升，但是要以什么衡量和考核理财公司发展的水平，仍然存在很大的争议。二是定位与服务什么样的客户，设计什么样的产品去满足这些客户，通过什么样的投资策略匹配产品形态和产品收益，实现什么样的产品管理目标，这些方面是缺乏规划的。目前，很多理财公司是"摸着石头过河""走一步算一步"，对于服务的客户和设计的产品缺乏顶层的设计和科学的规划。三是走什么样的发展道路，这也是目前讨论比较多的，是延续传统还是彻底变革，是走原有资产管理的老路坚持以母行为中心，还是依赖现有优势走"银行+资管"的方式，抑或是完全对标公募基金甚至是外资机构，是当前理财公司讨论比较多的问题。四是如何处理与母行的关系，理财公司从商业银行的一个部门转变为具有独立法人地位的子公司，面临商业银行体系内利益和权益的重新分配问题，如何处理与商业银行其他部门、其他分支机构的关系，也面临着争议。五是如何处理与外部机构的关系，是全面模仿，还是充分竞争，这也是当前理财公司需要探索的。

二、分工不明确

理财公司虽然是从原有的资产管理部划转过来，但是作为独立的法人，需要承担的职能大大拓展。由于有母行各种资源的支撑，作为理财公司前身的资产管理部在机构设置很多方面是不够完善的。资产管理部更加关注产品和投资两端，而人力、行政、系统、合规等基本卜是依赖母行。但是，成为独立法人后，理财公司的这些基本职能和机构设置都要补齐。在机构重建的过程中自然面临职责分工的问题，在这一过程中，很多的职责分工是缺乏清楚界定的，尤其是前后台之间的分工存在的问题更多。

我们以前后台分工为例，如果把资管行业的发展和竞争比喻成一场球赛的话，投资部门就是这场球赛的"前锋"，而中后台部门作为"中锋"和"后卫"，要发挥辅助和支撑的作用，应该发挥好传球手、守门员的职责。但是目前来看，由于部门职责分工不够明确，前后台业务的界限和定位存在扭曲，理财公司内部都不同程度存在"前台部门后台化"的问题。这直接导致了前台投资部门疲于应付部门之间的日常事务和沟通，无法集中主要精力提升业务能力、应对市场挑战。具体而言，这种分工不明确的问题表现在以下方面。

第一，"不该接的球给了前台"。这其实是把本该属于中后台部门的业务甩给了前台，例如数据统计和数据报送、关联交易上报等问题，很多系统就可以实现的，还需要前台部门加工报送。又如大量的综合事项，各类报表也需要反复报送，把本来属于中后台部门的工作前置到了前台部门手里。

第二，"该传的球传不出去"。理财公司成立前，资产管理部作为银行理财的职能部门，主要是投资和产品部门，为了业务的平稳发展，前台投资部门承接了大量中后台的职能。理财公司成立后，随着部门框架的不断搭建，团队建设的不断完善，这些本该移交的工作仍然累积在前台部门手中。例如风险和违约债券处理的问题，已经出现违约的债券按照流程应该交给中台部门处理，但是目前还是由投资部门跟踪，拖累了投资业务的开展。

第三，"该垫球的不到位"。这主要是指中后台部门还没有充分发挥支撑作用，给前台投资部门提供应有的支持。例如资管行业反复强调的投研一体化，需要研究给予投资必要的支持，以研究带动投资，但是目前理财公司研究能力还很不足，更谈不上与投资的相互结合。又如，市场部门需要根据市场反应和客户需要为投资提供必要的反馈，但是目前来看，这种反馈和沟通还比较缺乏。这导致投资经理只能靠自己对市场和客户的理解做出决策，缺少对于市场端、客户端的了解，后台支撑明显不足。还有运营方面，产品在不同场所开户等问题也是经常出现拖延，导致目前债券投资受流程等影响而不能顺利投资。

三、风控不科学

银行业理财登记托管中心发布的2020年《中国银行业理财市场年度报告》披露数据显示，截止到2020年年底，银行理财投向债券类、非标类资产、权益类资产占总投资资产的比重分别为64.26%、10.89%和4.75%。债权类资产占比高达75.15%。作为理财公司最主要的投资品种，债券的投资风险主要包括：流动性风险、市场波动风险和信用违约风险等。其中，信用违约风险对理财产品的影响是最大的，一旦发生信用违约，产品的净值就会出现较为明显的回撤，因此，风险控制是债券投资中重要的一环。

风险控制的核心是做好风险识别和风险定价。随着金融市场的不断发展完善和资管市场专业性水平的不断提升，机构对于风险控制能力和效率的要求越来越高。但是理财公司依托商业银行资管部转变而来，在企业文化方面深受商业银行的影响和熏陶。商业银行是信贷文化、体制文化，对于风险的控制采用的是层层审批、分类授权的模式，导致当前投资决策流程链条过长，以签字代替风控，以签字代替审核。风控存在流程化、程式化的问题，偏离了风险控制的实质。具体表现在以下方面。

第一，风险控制还停留在层层审批、层层签字的状态。签字、走流程到底是为了留痕为以后免责提供证据，还是通过层层审核实现控制风险缺乏清楚的定位。同样一笔主体反复上风委会决策会、走流程单，即使毫无瑕疵的债券主体也要经过上会讨论、层层签字等流程。虽然很多理财公司参照公募基金建立了债券投资的白名单，但是白名单主体仍然需要签字确认才能投资，白名单只是可投名单，与基金公司的白名单有很大的区别。这一方面导致了人力资源的浪费，让投资人员将大部分的时间都消耗在流程上，而无暇专心于市场分析和投资研究。另一方面由于层层审批，也导致错失了很多的投资机会，尤其是二级市场的投资机会稍纵即逝，过长的流程让理财公司基本放弃了二级市场的交易，导致了投资"半条腿走路"的问题。

第二，投资主体不分类，眉毛胡子一把抓，平均用力。信贷资金属于间接融资，受整个商业银行统一的风险管控要求，整体风险偏好较为一致，普遍呈现出低风险的特点。但是，理财资金与信贷资金有所不同，理财资金来源于不同风险偏好的客户，银行资管机构是代客理财，客户可以根据风险偏好的差异选择不同风险等级的产品，买者自负、自担风险，因此理财资金的风险偏好是具有明显差异的。在这两种模式下，风险控制也存在很大的差异。商业银行的信贷文化下，不管是什么主体，都要走流程、签字，平均用力，导致很多风险主体缺少足够的精力去关注。缺少对信用主体的区分，导致难以实现对风险的精准管控。

第三，"顾前不顾后"，缺乏对投后管理的重视。理财公司目前对于风险的控制强调事前监控，但是忽视事后监管。投前特别强调加强对信用主体的入库管理和投前管理，通过项目尽调、项目路演等方式，加强避免"病从口入"。目前很多理财公司都已经建立了白名单，做到了入口管理。但是，对于出库和投后管理不关注，缺少对持仓主体的实时监测和管理。很多投资主体在初始投资阶段没有问题，往往是投了一段时间才出现风险。因此，风控不能只关注前端，更要关注后端，"风控后移"非常重要和关键。

四、协调不通畅

作为理财公司的前身，商业银行资产管理部只是商业银行的一个部门，协调和沟通一直比较顺畅。一方面，资产管理部涉及的业务主要是集中在产品和投资两端，业务流程相对简单；另一方面，资产管理部人员数量较少，人员构成相对比较简单，企业文化较为统一，部门之间沟通协调不存在障碍。但是理财公司成立后，沟通难度大大增加。一是理财公司成立后，人员数量大大增加，人员沟通和协调的半径不断增长，协调的重要性逐渐凸显；二是外部招聘人员提升了沟通难度。理财公司为了提升专业能力，大量采用了外部招聘的方式补充人员，人员背景不同，沟通和协调的方式、人员的文化理念也存在明显差异，沟通的矛盾和冲突逐步显现；三是部门数量不断增长，快速扩充，部门之间面对着利益的矛盾和冲突，会导致沟通协调问题的出现。理财公司在沟通协调方面的问题主要表现在以下方面。

第一，部门之间存在非理性竞争。部门间的竞争突出表现在前台投资部门。例如固定收益部门可以直接参与债券投资，组合策略部门也可以通过基金等参与债券投资，两个部门发行的产品就有很多类似，形成了相互竞争的关系。此外，权益部门和组合部门都可以参与权益市场的投资，两者发行的权益类产品也存在着相互的竞争。另类资产作为理财公司重要的投资品种也成为各业务部门抢夺的重点资源之一。这种无序的相互竞争，消耗了部门之间的资源，对公司整体管理规模的扩大没有任何帮助。

第二，部门之间的相互推诿。这种情况突出表现在前后台部门之间。例如，前台投资部门与系统开发部门之间，即使存在明显的系统问题，但是只要前台投资部门没有提出需求，系统开发部门就没有主动改进的动力，导致系统功能存在最后一环的堵点。又如产品宣传部门与投资部门之间也存在这种问题，宣传材料中涉及投资策略的部分，产品宣传部门认为自身专业能力不足，需要借助投资部门的支持，而投资部门认为材料的事情属于宣传部门，部门相互推诿，导致宣传材料的设计远没有达到预定的标准，产生的宣传效果也会大打折扣。

第三，部门之间存在本位主义。这个问题在不同的部门之间普遍存在。大家都只负责自己一亩三分地的事情，部门职责之外的问题概不负责，不愿意"多管闲事"。由于理财公司刚刚成立，业务流程并不完善，很多环节存在相互衔接的问题。并且即使是较为成熟的公司体系和框架，也会随着业务的开展产生流程上的漏洞。目前理财公司存在的问题是缺少打通环节漏洞的协调人，一旦产品运作过程中出现了问题，没有投资经理去推动，业务流程走不下来，尤其是出现意外事件时，这种协调缺乏带来的问题和造成的风险就更加明显。很多理财公司仿照基金公司在推进基金经理负责制，但是由于授权的问题，该授权的没有授权下来，投资经理承担的责任和风险却没有减少，最终投资经理负责制搞成了投资经理背锅制。

第三节　对策建议

体制机制建设对于提升企业效率、减少内部资源的损耗具有重要的意义。面对理财公司存在的问题，本章建议采取以下措施。

一、做好发展定位

企业定位问题关系到企业的长远发展，是企业发展中具有决定性意义的问题。做好定位，需要做到以下几点：

第一，结合自身发展实际。从管理体制来看，理财公司是商业银行的子公司，虽然是独立的法人机构，但是发展目标要服从于全行统一战略，因此，人事、薪酬、管理等方面不能完全脱离母行的管理和影响。从历史沿革来看，理财公司脱胎于商业银行资产管理部，在企业文化和企业传承方面深受母行的影响，短期内不能完全脱离原有机制的影响。商业银行更加强调团队协作和团队作战，这一点与公募基金打造的明星经理和个人作战明显不同，理财公司需要协调个人和团队的关系，更加重视打造明星团队和团队作战。从发展现状来看，理财公司正处于产品从预期收益型向净值型转变，投资从债权类单一资产向多类型资产转变，风控从信贷审批模式向资产管理模式转变的阶段，因此，与其他资产管理机构之间存在很大的差距，需要不断学习合作。

第二，结合行业发展现状。一是行业处于变革之中。随着资管新规和配套政策的发布，资产管理行业正在发生着翻天覆地的变化，不论是产品形态还是盈利模式，都与之前存在明显的差异。尤其是理财公司面临的调整和转型压力更大，理财公司当前的主要目标就是尽快按照监管要求完成业务转型。二是行业竞争会逐步加剧。随着监管规则的逐步统一和产品形体的逐步规范，不同资产管理机构之间的竞争不可避免，并且会逐步加剧。目前在整个资产管理行业中，最满足资管新规要求的管理模式和产品形态出自公募基金。因此，公募基金成了当前资管行业发展的标杆。理财公司要在市场竞争中加强与同业的沟通交流与业务合作，同时提升自身能力，在市场竞争中赢得一席之地。

第三，瞄准行业发展前沿。从国外的经验来看，商业银行理财子公司与母行之间的关系可以分为以下几类：第一类是以汇丰银行为代表的嵌入型，理财子公司虽然获得了独立的法人主体地位，但是主要服务于母行的业务发展，根据母行的风险容忍度为客户提供低风险的理财产品，为母行零售业务提供支持，为母行业务拓展提供支撑。第二类是以东方汇理为代表的协同型，理财子公司背靠母行的渠道、品牌、资金优势，在母行客户基础上不断设计和完善产品体系，与母行在产品销售、客户投资等方面实现联动，子公司成为母行的一个重要业务板块和利润中心，成为母行实现业务转型的重要抓手。第三类是以摩根大通为代表的独立型，子公司在业务发展上具有较大的自主性，子公司会依托母行的渠道优势，同时也会借助其他机构的代销渠道，母行的渠道也较为开放，子公司市场化程度、专业性水平较高，与母行的联动较少，成为真正意义上的独立法人，类似于国内很多银行系的基金公司。因此，理财公司要结合自身实际情况和行业发展的现状，选择最合适的发展模式。

二、优化流程体系

理财产品的运作是一项复杂系统的工程，涉及公司经营的方方面面。从市场部门提出业务需求，投资部门提供相应的投资策略，到产品部门设计相应类型的产品，从个人金融部、市场营销部门推广销售，到运营托管部门的资金归集，从投资部门进行投资运作，交易部门、运营部门、托管部门和会计部门的相互配合，从产品运作的合规审查，到项目风险的分析研究。产品的运作涉及的环节纷繁复杂，如果没有建立科学有效的业务流程，难以保障产品、投资等工作正常运转。

第一，要做好流程梳理规划。理财公司要按照业务流、管理流等不同的维度，对现有业务和职能进行梳理，建立业务流程图和管理流程图，并对相关业务和职能进行优化，不断完善流程体系。同时对组织架构模式选择、投资决策流程、风险管理方案、考核激励机制，尤其是要为理财公司与母行各部门以及分行之间的关系问题，建立整体和完备的方案。

第二，要实现业务职能全覆盖。理财公司需要将分散在总行其他业务部门和各分行的理财业务集中经营，实现投资决策、产品研发、交易运营、系统建设、绩效评估、风险管控等各个环节的集中运营和流程化管理。保证理财公司产品运作、投资管理、系统开发、风险控制等不同环节有相应的人员和机构覆盖，避免职能缺失。这需要做好职能、人员和机构规划，按照业务流程匹配相应的资源。

第三，要做好业务和职能分工。要根据建立的流程体系，匹配不同的业务部门和职能部门，做好业务流程目标的分解和划分，做好仟务分工。在部门职能定位的基础上，根据公司整体经营目标和战略规划，结合流程体系，做好岗位需求规划和岗位职责要求，并按照规划和要求做好人力资源筹划，培养和招聘相关人员，实现岗责适应、人岗匹配。

三、转变风控模式

商业银行一直坚持"不争大利，但求稳妥"的经营思路，属于典型的风险厌恶型机构。理财公司作为商业银行的子公司，受到母行文化基因和服务客户风险偏好的影响，风险偏好也较低，对于风险的容忍程度有限。对于金融机构而言，风险控制能力是最核心的管理能力之一。虽然商业银行和资产管理机构都强调风险控制和风险管理，但是两者的模式存在很大的差别。商业银行采取的是层层审批的信贷模式，这种模式与资产管理机构采用的投资管理模式明显不同。因此，为了适应资产管理业务下的风险控制和风险管理要求，理财公司需要做到以下几点：

第一，正确认识风险和收益的关系。理财公司是金融机构的重要组成部分。从金融行业的定位来看，本身就是经营风险业务的行业，就是要管理好风险。管理好风险不是没有风险，没有风险也就没有了金融业务。管理好风险关键在于解决业务发展和风险防控的关系，要实现边际风险和收益的平衡。单纯追求零风险、零不良，不但违反行业发展的规律，也会限制业务的发展。要正确认识风险，协调风险与收益的关系，既要控制风险，也要发展业务。

第二，做好授权与激励。一是要适度授权。适度授权一方面会提高审批机制的灵活性。理财公司目前还是信贷审批的风控模式，这种模式难以适应资产管理市场灵活变化的需要。与信贷市场不同，债券和股票市场波动较为明显，具有明显的交易套利机会，这就需要灵活的风险审批机制，提高交易获利能力。另一方面，适度授权也要对投资经理有一定的约束。授权不是越大越好，尤其是对于银行理财业务而言。理财产品的客户整体风险偏好水平较低，更加注重投资的安全性和稳定性，适度授权能约束投资经理的行为，避免发生风险事件，进而损害客户利益。二是要适度激励。如果适度授权是为了"拉住缰绳"，避免投资经理"跑偏"，而适度激励则是为了解决动力问题，要让投资经理有"往前跑"的动力。如果没有科学有效的激励，投资经理没有业绩压力，很难充分发挥主观投资管理能力。三是建立权责匹配的机制，实现权责相对等。做好授权与激励需要做好授权体系、决策体系建设，在风险防范的基础上，最大程度上发挥投资经理的积极性和主动性。

第三，精准风控，不要平均用力。不同信用主体的风险水平是不一样的，风险识别和风险定价的成本是不同的，除此之外，在投前投后管理方面也存在差异。因此，风险管理和风险控制要实现精准管理，不要平均用力。一是要按照主体不同实现分类管理，对于不同的信用主体要建立分层分类管理，建立核心库、可投库、白名单、黑名单等机制，并根据信用主体的不同，建立差异化的风险管理流程，从而将更多的精力放在对相对弱资质主体上面。二是加强投后管理，要转变过分重视前段投资，而忽视投后管理的理念。很多主体在债券发行的时候并没有存在明显的问题，很多违约主体都是在债券发行一段时间后，经营状况出现了明显的恶化，最终出现了违约。"冰冻三尺，非一日之寒"，违约是一个渐进的过程，只有加强对于投资主体持续的风险监测和管理，才能发现风险端倪，因此，重视风险监测和投后管理是非常重要的。三是加强系统建设。精准管理对管理能力提出了更高的要求，除了信用风险，投资还需要关注集中度、流动性等合规风险，并且随着产品单独管理、单独核算，产品数量会明显增长，单纯依靠人工方式进行管理难以应付如此复杂的工作，必须借助金融科技的力量，实现风险监测和风险管理。

四、打破沟通壁垒

部门之间沟通不畅，本位主义、部门主义的存在造成了资源的内部消耗，不利于业务效率的提升，也会造成业务和管理的漏洞，必须采取措施打破沟通壁垒，打破业务流程和管理流程的"最后一米"。要打破沟通壁垒，需要做到以下几点：

第一，统一战略目标。统一战略目标是建立超越部门利益至上的战略方向和企业愿景。部门主义存在的根源是部门之间的利益存在冲突，部门只关注自己的小团体利益，就会忽视整个集体的利益。因此，首先需要将员工的目标统一到公司的整体战略上来，形成战略目标的合力。当然，统一战略思想，并不排斥部门经营目标之间存在差异，良好的沟通不意味着没有冲突。在建立统一战略目标的同时，也要协调不同部门之间的利益，实现部门利益之间的平衡。

第二，规范流程分工。一旦流程不清、分工不明，就会造成互相推诿、互相扯皮等问题。明确的分工和清晰的业务流程，有助于建立良好的沟通环境。一是分工和流程清晰，能够建立事前约束机制，减少沟通的模糊地带。二是分工和流程清晰，能够让不同的部门员工沟通的时候有章可循，有规可守，避免问题出现时无人问津或相互推诿的问题，提高解决问题的效率。三是规范的业务流程和清晰分工也是建立现代企业制度的基础条件，避免公司的经营和管理出现混乱。

第三，建立流动机制。岗位和人员流动有助于打破部门之间的界限和隔阂，促进部门之间的沟通和协作。建立岗位的人员流动机制能够让不同部门的员工换位思考，让不同部门的员工认识到部门之间的关联性，让员工理解部门之间不应该是相互对立、相互割裂的关系，而是一个统一的集体。在岗位轮换和人员流动中需要抓住日常主要的沟通人员，通过精准的岗位轮换，降低内部沟通的摩擦阻力。另外轮换和交流中也要与公司的经营状况相结合，选择有利时机，避免人员调配对公司正常经营带来的负面影响。

第四，完善绩效考核。绩效考核就是指挥棒，会对公司员工产生直接的引导效果。一是根据流程体系，完善考核体系和指标，避免出现考核漏洞；二是在对部门考核指标的设计上，将部门之间的协作纳入考核，激发员工之间沟通和协调的积极性。三是加强绩效考核的反馈，通过多种形式，激励员工主动沟通，减少沟通障碍。

第五，重视非正式沟通。在组织中，除了正式的各种部门和机构外，还存在着大量的以协会、小组、小团体等形式存在的非正式组织。长期以来，非正式组织在部门沟通之间的作用并没有得到应有的重视。非正式组织与具有部门分割和上下级关系的正式组织不同，它们的组成更多的是基于共同的爱好、兴趣、习惯等，而不是基于层级划分。因此，非正式组织具有更强的凝聚力，大量的沟通都是通过非正式组织实现的，非正式组织在沟通方面发挥着更加重要的作用。要充分发挥非正式组织的作用，一是对公司的非正式组织进行梳理和分析，寻找在非正式组织中发挥纽带作用的中间联系人。中间联系人一方面处于不同组织和团体的连接处，容易获得成员的信任，另一方面，中间联系人处在不同组织中间，会提升信息传播的效率和沟通协调的效果，因此对于沟通具有重要意义。二是以中间联系人为核心，增进不同组织间的沟通交流，化解部门之间的分割与隔阂。三是鼓励非正式组织的存在和发展，并合理地引导，使其在跨部门沟通中发挥更大的作用。

第四节　本章小结

如果文化是一个企业的基因和血液，体制机制就是一个公司的骨架，体制机制的建设对于公司的业务发展具有重要的意义。对于理财公司而言，体制机制的完善与否直接影响了理财公司的业绩，也会对业务的发展和客户的去留产生重要的影响。作为新的组织形式，体制机制建设是非常紧迫的工作，是当前亟待解决和完善的内容。本章通过对理财公司体制机制的分析，得出以下结论。

第一，理财公司目前存在定位不清晰的问题，这也是行业普遍存在的新问题。面对行业的变革和调整，经营模式和盈利模式都发生了根本的变化。理财公司需要重新确定战略目标和战略定位，处理好发展模式、发展道路的问题，处理好与母行及外部资产管理机构的关系。理财公司在确定发展定位时，需要结合自身发展实际、结合行业发展现状、瞄准行业发展前沿，在此基础上确定发展的目标和方向，做好战略定位。

第二，理财公司存在分工不明确的问题。理财公司成立后，面临着职能的调整和完善、机构的再造和重建、人员的招聘和优化，自然会要求部门功能的变化和人员职能的调整，需要重新界定业务分工和岗位职责。当前理财公司在分工方面存在的最突出的问题是前台投资后台化的问题，严重影响了业务的发展。为了解决这一问题和矛盾，理财公司需要从优化流程体系入手，通过流程梳理规划、实现业务职能全覆盖，做好业务和职能分工。要通过流程再造、流程优化，实现业务分工清晰、完整。

第三，理财公司存在风控模式不科学的问题。商业银行的信贷审评模式与资产管理行业的投资管理模式存在明显的不同。信贷审批模式追求最大限度地控制风险，要求分层授权、层层审批，达到风险控制的目的，而资产管理业务的投资管理模式更加追求风险与收益的平衡，通过建立分类主体、信用库等方式，对信用风险进行管控，更加强调审批模式的扁平化。这种模式能够快速适应市场的变化，是资产管理行业实现专业性的重要保证。理财公司面临风控模式的调整，需要转变风控模式，正确认识风险和收益的关系，做好授权与激励，做好精准风控等，实现风控模式与资产管理相适应。

第四，理财公司存在协调不通畅的问题。理财公司成为独立的法人机构后，职能明显增加，部门数量和人员数量随之大大增加，沟通半径大大延长，沟通难度不断提升。除此之外，理财公司为了提升专业能力，通过外部招聘形式大量补充人员，来自不同企业的员工面临着企业文化的差异与冲突，也会导致沟通问题。理财公司沟通不通畅主要表现在部门之间非理性竞争、相互推诿和本位主义等。为了打破沟通壁垒，本章提出了统一战略目标、规范流程分工、建立流动机制、完善绩效考核以及重视非正式沟通等建议。

体制机制建设对于企业发展意义重大，并且是一项长期工程。随着企业规模的不断发展、经营模式的变化和业务流程的调整，体制机制也需要不断调整和变化。

第十三章　理财公司的战略定位

理财公司是在整个资产管理行业转型发展的背景下成立的，肩负着商业银行市场化改革的重任。成立之初，理财公司面临的主要问题就是如何进行战略定位。本章在分析理财公司成立和发展的基础上，重点论述了理财公司的功能定位、模式定位和关系定位问题。并提出确立服务大众、服务实体经济的功能定位，探索模仿领先、背靠母行和求同存异的发展模式定位，建立协同共赢的"母子关系"，并与外部资产管理机构建立竞合关系，形成"大资管"生态格局。随着资产管理行业的变革转型，单纯依靠"拼规模"的方式难以适应新形势下资产管理行业发展的需要，理财公司必须找准定位，实现精细化发展。

第一节　引言

自2019年建信理财宣布成立以来，已经有多家商业银行宣布成立理财公司。理财公司的相继成立，标志着资产管理行业的净值化转型又迈出了重要的一步。随着资管新规的颁布和实施，资管行业迎来了大一统的格局，处于同一赛道上的不同资管机构面临着激烈的竞争。作为资管行业发展中重要的组成部分，也是资管行业的"新兵"，理财公司面临最重要的问题就是战略定位问题。

理财公司是在原商业银行资产管理部的基础上划转而来，承继了原资产管理部的业务优势，比如丰富的客户资源、广阔的业务平台、雄厚的注册资本、大资金运作的经验以及债券投资的专业优势，可以说理财公司是含着"金钥匙"出生的，从成立之初就具有较高的起点，掌握的资源和优势是其他资产管理机构所不具备的。但是另一方面，理财公司的成立又是在资产管理行业出现深刻变革的背景下产生的，因此，虽然具有丰富的客户资源，但是客户对于净值型产品的接受程度较差，风险偏好较低；虽然具有广阔的业务平台，但是成为独立法人后，面临资源的再获取过程；虽然具有雄厚的注册资本，但是历史遗留问题较多，存量资产需要化解，产品面临转型；虽然具有大资金运作的经验，但是投资的专业性有待提升；虽然有债券投资的专业优势，但是缺乏大类资产配置的经验，难以满足新形势下资产管理市场客户多样化、个性化的需求。

理财公司正站在行业发展的十字路口，在这种背景下，定位问题对于理财公司而言更加重要。定位问题是关系到理财公司健康发展的核心问题，也是决定理财公司未来发展方向的关键。定位问题决定了理财公司在市场中扮演什么样的角色，选择什么样的发展模式和发展道路，如何处理与其他机构之间的关系，这也是本章希望探讨的问题。接下来，本章的研究主要包括以下内容：一是未来发展的目标和方向；二是发展的道路和模式；三是如何处理与其他资管机构包括与母行的关系。

第二节　功能定位

理财业务从本源上来看是"代客理财"，属于信托关系。一方面，理财业务需要从投资者手中募集资金，要保护好投资者利益，实现居民财富的保值增值，这是理财公司最基本的功能；另一方面，募集资金必须投向合意的资产以获取投资收益，才能达到资产保值增值的目的，同时巨量资金的投向问题也关系到了金融市场乃至实体经济的稳定运行。因此，理财业务一手托两家，一边是百姓大众，一边是实体经济。理财公司要坚持最基本的功能定位，在服务百姓大众中，优化金融服务水平，为居民财富实现保值增值；在服务实体经济方面，优化资源配置，为实体经济发展提供资金支持。

一、服务百姓大众

服务投资者，尤其是普通投资者是理财公司的基本功能，要实现这一功能，具体而言需要做好以下工作：

第一，发行多样化的理财产品。理财公司服务投资者的主要方式和手段就是发行理财产品。随着资管新规后理财产品净值化的转型，资管机构之间的竞争不断加剧，类型单一、形态趋同的产品难以满足投资者的需要。产品类型的多样化能够更好地满足投资者的需要，为居民实现财富保值增值提供更多可能的选择。

第二，构建多元化的资产配置。理财公司传统的投资优势领域主要是集中于债券，因此，理财公司发行的产品主要以纯债类产品为主。单一的资产配置难以实现产品类型的多样化。理财公司不断丰富资产配置种类和品种，一方面能够分散投资风险，获取不同投资品种的收益，同时也能通过底层资产的差异，丰富产品类型。

第三，提供优质化的服务体验。理财公司要提升服务投资者的水平，除了产品和资产外，还需要不断提升服务质量和客户体验。这要求理财公司，一要端正态度，从之前的产品管理向服务客户转变，理财公司的产品管理不能局限于设计和运作产品，更要注重客户营销和客户体验；二要优化流程，不断提升客户服务的效率，提升响应速度；三要科技赋能，加大科技投入，提升产品管理和资产配置的能力，提升客户体验。

二、服务实体经济

银行业理财登记托管中心的统计数据显示，截止到2021年第一季度，理财公司存续产品规模7.61万亿，同比增长超过5倍，产品规模占理财市场整体规模的30.4%，是理财市场绝对的主力。未来随着产品净值化转型和理财公司的相继成立，这一规模和比例仍然会保持较快增长。如此规模庞大的资金，不仅对金融市场发展意义重大，对于实体经济而言也是重要的支持力量。

理财资金在支持实体经济方面具有很多的优势，可以充分支持实体经济。

第一，理财公司的成立有助于防范化解金融风险。理财公司成立的背景是资产管理行业的大变革，尤其是理财产品净值化转型的推进。近年来，以表外理财为代表的"影子银行"游离于监管之外，但又在从事"类信贷"业务，引发了市场的广泛关注。尤其是刚性兑付、资金池业务、通道委外、非标等问题的出现，导致表外风险不断累积，并极易传导至表内。理财公司成立后，实现了组织和业务的相对独立。在产品管理方面，实行了三单管理，按照净价波动，打破了资金池和刚性兑付；在债券投资方面，通道、委外、非标业务的大量压缩，降低了层层嵌套的风险，解决了杠杆不清、风险不明的问题。

第二，理财公司的成立有助于优化金融供给的结构。具体而言，理财公司在以下方面促进了金融供给机构的优化。一是有利于为弱资质主体提供融资服务。与信贷资金不同，理财资金来源于募集资金、代客理财，可以体现不同客户的风险偏好。理财资金可以参与不同风险等级的资产投资，为不同类型的实体企业，尤其是相对弱资质主体提供融资服务，满足实体经济融资需求。二是有利于为初创型的科技企业提供资金服务。与传统信贷抵押、质押的模式不同，理财资金主要通过信用分析框架和模型对企业进行风险评价，这于缺少重资产的新兴经济体具有重要意义。除此之外，理财公司可以参与非上市公司股权投资，为初创型的科技企业提供资金支持。

第三，理财公司的成立有助于构建多层次资本市场。一是理财公司可以直接参与股票投资，为股票市场带来更多的增量资金；二是理财资金在债券投资等传统领域具有投资优势，并且随着净值化转型的推进，债券市场仍然是理财公司主要的投资方向，为债券市场的发展提供持续的增量资金；三是随着产品净值化的转型，理财产品的市场风险管理日益重要，期权、期货等金融衍生品种的作用进一步凸显，未来理财资金会成为重要的参与力量。

第三节　模式定位

理财公司在确定功能定位后，需要解决的是通过何种模式或者走何种道路实现业务发展目标。目前理财公司面临以下几种选择。

一、模仿领先

目前在国内资产管理机构中，公募基金在净值化管理方面走在了前列。在产品净值化管理、账户独立运作、债券公允价值估值等方面，公募基金都积累了丰富的经验。同时，公募基金在人员配置、系统设置、机构建设、机制流程、企业文化等方面都比较完备。因此，理财公司成立后，向公募基金看齐，参照和学习公募基金的做法成为理财公司选择发展模式的主要观点和思路之一。部分理财公司成立之初，对公募基金的学习是全方位的，比如，公司架构、体制机制方面向公募基金看齐，建立投资、风控等议事决策机构、推行投资经理负责制、建立债券投资白名单等。管理模式方面，打造明星产品经理、加强绩效考核引导等。

但是公募基金与理财公司存在着很大的区别。从管理体制上来看，公募基金具有更大的自主权，在薪酬体系、人员管理方面具有更多的灵活性。而理财公司是商业银行控股，发展上较易受到母行战略的影响。从历史发展上来看，公募基金成立之初就是完全市场化的运作模式，追求产品运作的收益最大化。而理财公司由资管部划转而来，是商业银行市场化改革的试验田，很大程度上服务于母行的整体发展战略。从企业文化上来看，公募基金更加强调"单打独斗"，通过明星基金经理对投资者产生号召力。而理财公司更多的还是依靠"团队作战"，通过整体品牌形象形成对客户的吸引力。从客户特点来看，公募基金客户风险偏好相对较高，能够承受适度的风险偏好。但是理财公司的客户风险偏好较低，对产品收益波动的承受度较低。因此，单纯照猫画虎地学习基金公司，可能会让理财公司陷入"水土不服"的尴尬境地。

二、背靠母行

监管对于理财公司的成立持较为积极的态度，鼓励有条件的商业银行通过设立理财公司的方式专营理财业务。并且在理财公司设立方面提供了很多的政策优惠，比如可以直接投资二级市场股票，非标资产投资比例限制降低，理财产品销售起点降低等。因此，部分商业银行成立理财公司除了业务发展的需要，与政策鼓励也有很大的关系。理财公司与母行的风险较为一致，理财客户都是从原有的存款客户转化而来，与母行保持着千丝万缕的联系。母行在渠道、系统、风控、资金等方面具有很大的优势，因此，背靠母行的资源寻求发展，成为很多理财公司的选择。在这方面，也有代表性的国际资管机构选择了这种模式。如瑞银集团的协同发展模式和摩根大通的客户迁移模式等，都是充分发挥了母行的资源优势，取得了稳定的发展。

但是理财公司过分依赖母行也存在很多的问题。一是从监管的意图来看，成立理财公司的目的之一是实现表内外资金的风险隔离，让理财公司成为独立运作的法人，自负盈亏、自担风险。理财公司过分依赖母行一方面会承担母行融资需求的部分功能，损害投资者利益；另一方面也会过分依赖母行获取资产，无法实现有效的风险隔离。二是从母行的目的来看，理财公司未来是商业银行市场化改革的试验田，肩负着探索经营业务市场化、专业化的重任，过度依赖母行虽然能够得到稳定的发展，但是不利于理财公司能力的提升，也无法对母行的市场化改革形成推动作用。三是从理财公司面临的形势来看，未来随着监管规则的统一，理财公司将面临来自公募基金、券商资管、保险资管、信托资管、期货资管等的竞争，如果没有实现业务发展和能力提升，就难以在未来的竞争中有立足之地，实现长远发展。

三、求同存异

理财公司第三种可选的发展模式界于前两者之间，既依靠母行的资源优势推动业务发展，又并不是完全依赖，而是在此基础上寻求专业化、市场化的发展，逐渐向公募基金等领先的资管机构看齐。但是与完全模仿的模式不同，这种模式下理财公司业务发展与公募基金等还是有明显的区别，即"求同存异"的发展模式。这种模式在机构和业务转型方面表现得较为平稳，并没有出现较为激烈的调整和变革。并且在发展中还会根据市场的变化，不断调整发展的方向和重点，属于渐进式的变革。"求同存异"的发展模式，一方面充分借助母行的资源优势，在业务转型和变革的背景下有助于稳住产品需求和客户资源，有利于推进业务的顺利转型；另一方面，在稳定原有业务基础上，理财公司积极向专业化、市场化转型，不断实现经营模式和管理模式的创新，有助于提升理财公司的专业管理能力，有助于实现理财公司的长远发展。

目前来看，这种模式对理财公司而言是相对稳妥的发展模式。但是这种模式也存在很多的问题。一是与前面的两种模式不同，这种模式是一种新的探索，"求同存异"到底保持哪些业务不变，哪些需要向市场化方向转变，都需要理财公司去探索。二是如何处理与母行和外部资管机构的关系，也考验理财公司的战略定位。从发展模式定位上，理财公司一方面要区别于传统的信贷模式，另一方面要探索出与其他资管机构不同的发展模式，需求差异化的发展。

从目前国际上来看，理财公司走专业化道路、依靠母行优势以及"求同存异"都有先例可循。理财公司需要结合自身实际情况，寻找最适合自身发展情况的模式。当前，理财公司处于公司创设期、业务转型期和模式探索期等多期叠加，较为稳妥的方式是背靠母行资源寻求业务专业化发展。

第四节　关系定位

在确定了业务发展模式后，理财公司还需要解决与内外部机构之间的关系，尤其是处理好与母行和外部资管机构的关系。

一、与母行的关系

从隶属关系来看，理财公司与母行是"母子关系"，一方面，母行具有很多的资源优势，可以为理财公司的发展提供支撑；另一方面，作为商业银行的一个重要组成部分，理财公司也要发挥自身优势，为母行的整体战略发展贡献力量。因此，理财公司需要与母行建立协同共赢的关系。

第一，从母行的自身优势来看，母行对理财公司的业务发展具有重要的支撑。从资产获取方面，母行掌握的公司客户资源，为理财公司获取资产、投后管理等提供了基础。尤其是理财业务较为重要的非标业务，客户资源一般掌握在商业银行的分支机构手里，从项目发起、项目审核、项目投资到投后管理，没有商业银行分支机构的参与，理财公司很难独立完成项目运作。从资金获取方面，商业银行具有突出的渠道优势。理财客户基本是掌握在商业银行公司部、同业部、个金部以及分支机构的客户经理手中。由于商业银行没有互联网平台、第三方销售机构销售的渠道，目前只有存款类的金融机构才能销售理财产品。因此，理财经理对于产品销售具有重要的意义，理财公司产品销售与母行的渠道能力密不可分。除此之外，母行在系统、风控、人员、资金等各方面都具有很大的优势，理财公司对于母行的不同业务仍然存在广泛的业务需求，协同母行业务发展具有客观需要。

第二，从理财公司的发展来看，理财公司肩负重要的使命。从国际资产管理机构发展的特点来看，资产管理机构具有高投入、高产出、专业化、市场化等特点。并且资产管理机构人才队伍更加专业，系统更加智能，流程更加高效，机制更加灵活。国内理财公司刚刚建立，处于行业发展的起步阶段，目前这方面的能力都不突出，但是随着理财公司业务的不断发展，这些国际资管机构呈现的优势也会慢慢显现。作为独立的法人机构，理财公司经营的独立性和自主权大大提升，一方面，有助于实现风险隔离，化解表外资产风险向表内传递的风险，对于降低母行的经营风险具有重要意义；另一方面，理财公司可以突破母行原有的管理模式和经营模式，通过构建更加高效的组织机构、建立更加高效的流程机制、组建更加专业的人才团队等，提升专业化、市场化运作的能力。自20世纪80年代我国商业银行逐步恢复经营至今，银行业刚刚走过了不惑之年。经历40年的不断发展，商业银行的经营能力和水平在不断提升，但是当前金融业的开放势不可挡，中外金融机构之间的竞争不可避免。在这种背景下，商业银行必须进一步提升专业化水平，而理财公司的成立，成了商业银行进行市场化探索和改革的抓手，对于促进整个银行业的专业性提升都有积极意义。因此，商业银行从自身发展需要出发，也有与理财公司协同发展的需要。

从关系定位上来看，明确理财公司与母行协同发展的关系，对于促进母行与理财公司的持续稳定发展、追求发展的共赢具有重要意义。

二、与其他资管机构的关系

理财公司是资产管理行业重要的组成部分，在资管机构中占据一席之地。随着资管新规的发布，资管行业的监管规则逐步统一，理财公司将会与其他资管机构的赛道趋向一致，机构之间的竞争不可避免。但是另一方面，虽然资管新规促进了行业监管规则的逐步统一，但是不同资管机构在客户特点、产品类型、投资偏好等方面存在一定的差异，各方存在相互合作的基础。这种合作对于促进双方的业务发展都有积极意义。因此，理财公司需要与其他资管机构建立竞合发展的关系。

第一，从机构间的竞争来看，理财公司与其他资管机构存在竞争的基础。短期来看，我国资管市场发展潜力巨大，每年的增量资金规模巨大，机构之间的竞争并不明显。但是随着市场的逐步饱和，机构之间的竞争会逐步加剧，尤其是在存量客户和存量资金方面。未来理财公司与其他资管机构之间的竞争表现在以下方面：一是渠道之间的竞争，渠道为王，作为代客理财的资管机构，渠道资源对于各家资管机构的重要性是不言而喻的，在这方面，理财公司具有明显的优势；二是投资资产的竞争，在利率市场化逐步推进和经济进入新常态的背景下，未来高收益的稳健资产是各家资管机构竞争的重点；三是机制策略的竞争，如何把有限的资产组合起来，如何更有效地实现资产和产品的匹配，既考验资管机构投资交易能力，又体现了不同机构产品收益的差异表现，体制机制和投资策略的竞争也会是未来的主要内容。除此之外，还会存在企业文化、人才团队、系统科技等方面的竞争。

在这种竞争的背景下，理财公司要寻找特色化、差异化的发展路径，一方面，要充分利用现有的优势资源，如渠道优势、协同优势、风控优势等；另一方面，根据自身特点，发挥自身优势，寻找特色化、差异化的发展领域和方向。

第二，从机构间的合作来看，资产管理机构在业务发展方面各有优势。例如券商具有突出的研究能力，不仅在宏观研究方面，在策略与行业研究方面也具有明显的优势。基金公司具有突出的投研交易能力，机制设计灵活，市场化、净值化程度高，是最满足净值化转型要求的资管机构，在产品管理和投资交易方面具有丰富的经验。保险公司具有稳定的资金优势，在资金端方面，具有资金来源稳定、可投资金期限较长等优势。信托公司在非标资产配置领域一直处于优势，并且积累了丰富的投资经验，产品业绩表现一直优于理财公司。因此，无论是投资交易、研究分析还是资金负债端，理财公司都有与其他机构合作的基础。面对自身发展的短板，理财公司要化被动为主动，充分利用其他资管机构的优势，为己所用。在资源整合的基础上，充分发挥协作优势，提升自身能力。

目前来看，理财公司已经在逐步加强与其他资管机构的合作，例如在权益投资方面，理财公司通过FOF、MOM等形式参与了权益市场投资，不断丰富产品类型，打破纯债类产品的单一机构，促进产品结构的进一步优化。除此之外，理财公司还逐步在市场研究、非标投资等方面进一步加强与其他机构的合作。除了业务合作方面，部分理财公司已经开始引进其他战略投资者参与理财公司的筹建，进一步丰富了资产管理机构的类型，促进了不同机构之间的交流与合作。

实际上，理财公司追求差异化的发展并不排除与其他机构的合作，不同资管机构资源禀赋、发展历史存在明显的不同，是能够实现优势互补、共同发展的，实现不同机构之间良好的竞合发展是维护资管市场长期、健康发展的基础。理财公司也要在竞合中不断加强与其他机构间的协同，为客户提供更加丰富多样的产品。通过构建"大资管"的业务生态，为企业提供更加综合的金融服务方案，实现服务百姓大众、实体经济的功能定位。

第五节　本章小结

随着金融行业的不断开放和资管行业的不断变革，理财业务单纯追求规模增长，"铺摊子""拼规模"等的粗放式发展模式已经成为过去。未来资管行业的发展要更加注重专业化、差异化、特色化，资管机构要实现从追求"量"的增长到"质"的提升。处于行业变革发展的大背景下，理财公司如何走，选择什么样的道路和模式，决定了未来能否实现长远发展。处于"十字路口"的理财公司，定位问题显得更加至关重要。在理财公司转型发展的背景下，本章的研究具有重要意义。通过研究本章得出以下结论：

第一，在功能定位方面，理财公司要坚守服务百姓大众和实体经济的战略目标，一方面通过发行多样化的理财产品满足客户需求，并为客户提供稳健的产品收益；另一方面，需要加大不同类型资产的配置，并通过债券、权益等投资为实体经济发展提供更多资金支持。

第二，在模式定位方面，理财公司要选择适合自身实际的发展模式。目前理财公司可以选择以下方式：一是追随和模仿公募基金，这种方式以追求专业化的发展为主要目标，但是由于理财公司和公募基金的差异，这种完全模仿的方式可能会面临"水土不服"的问题。二是背靠母行资源，虽然成为独立法人，但是在渠道、制度、系统等方面充分依靠母行的资源优势，这种方式虽然能保持理财业务的平稳运营，但是不利于专业能力提升和业务的长远发展。三是以上两种模式的折中方案，背靠母行资源，结合自身经营特点，逐渐向公募基金等先进的资管机构看齐，"求同存异"，逐步过渡。这种方式目前来看是较为妥帖的发展模式。

第三，在处理与母行和其他资管机构的关系上，理财公司也要找准自身定位，与母行保持协同共赢的关系，充分发挥资源优势，实现共赢发展。在这过程中，理财公司一方面要处理好与银行内部各部门与各分支机构的利益分配问题，实现合理定价、市场化定价；另一方面，也要实现风险隔离，包括资金、系统、制度、人才等的隔离，防止风险向表内转移，促进理财业务的发展动力和活力。与其他资管机构竞合发展，构建资管发展的"生态圈"。要在发展中追求市场化、专业化，实现业务发展模式由信贷向投资的转变，由利差收入模式向中间收入模式转变，逐步融入资产管理行业发展的趋势和潮流中，实现业务和能力的全面发展和提升。

参考文献

[1] 张建刚.推动我国经济迈向高质量发展[J].红旗文稿，2018（10）：23-24.

[2] 卜振兴.资管新规的要点分析与影响前瞻[J].南方金融，2018（06）：66-72.

[3] 王聪聪，党超，徐峰，钟立新，杜炜.互联网金融背景下的金融创新和财富管理研究[J].管理世界，2018，34（12）：168-170.

[4] 王都富.中国富裕阶层金融行为研究——基于商业银行拓展财富管理业务的视角[J].金融论坛，2011，16（01）：4-13.

[5] 宁薛平，何德旭.经济下行中我国城镇居民金融资产的风险问题[J].甘肃社会科学，2016（02）：144-148.

[6] 杜春越，韩立岩.家庭资产配置的国际比较研究[J].国际金融研究，2013（06）：44-55.

[7] 李军. 破解养老金困境亟待建立全要素贡献型养老金制度——兼回复相关质疑[J]. 探索与争鸣，2020（6）：107-117.

[8] 朱有为.证券公司数字化财富管理发展模式与路径研究[J].证券市场导报，2020（04）：2-12.

[9] 于蓉.金融机构财富管理业务发展面临的矛盾与对策[J].南方金融，2016（07）：52-56.

[10] 彭琨.加强资产管理和财富管理融合，提升客户整体服务能力[J].清华金融评论，2019（07）：95-96.

[11] 卜振兴.资管新规的要点分析与影响前瞻[J].南方金融，2018（06）：66-72.

[12] 王国刚. 深化体制机制改革推进金融回归"服务实体经济"的本源[J].

经济理论与经济管理，2018（2）：8-10.

[13] 宋艳伟.从中美对比看我国商业银行资产管理子公司发展[J].当代金融家，2017，（02）：64-67.

[14] 周轶坤.全球资产管理行业现状与趋势——在拐点遇见新机遇，科技重塑竞争格局[J].保险研究，2020（01）：3-20.

[15] 李怡芳.从全球发展态势观我国资管行业转型之路[J].金融市场研究，2018（11）：16-25.

[16] 刘孟飞，蒋维.金融科技促进还是阻碍了商业银行效率?——基于中国银行业的实证研究[J].当代经济科学，2020，42（03）：56-68.

[17] 李响.资产管理业务的国际比较研究[J].当代金融研究，2017（02）：93-100.

[18] 江小涓.大国双引擎增长模式——中国经济增长中的内需和外需[J].管理世界，2010（06）：1-7.

[19] 郭凯明，潘珊，颜色.新型基础设施投资与产业结构转型升级[J].中国工业经济，2020（03）：63-80.

[20] 孙娟娟.大资管时代金融机构财富管理业务的差异化拓展——基于财富管理与资产管理的辨析[J].南方金融，2017（01）：92-97.

[21] 刘青松.大力推进ETF市场发展[J].中国金融，2020（02）：33-35.

[22] 马长水，王增武.资产管理业务发展的总结与展望[J].银行家，2019（04）：112-115.

[23] 张杨，张利华，张彤.银行业资管业务发展与实体经济融资关系研究[J].金融发展研究，2019（06）：72-78.

[24] 李广子.金融与科技的融合：含义、动因与风险[J].国际经济评论，2020（03）：91-106+6.

[25] 步艳红.资管行业的重塑与转型[J].中国金融，2018（10）：46-48.

[26] 唐莹.中国居民家庭金融资产配置现状及对策分析——基于中国家庭金融调查（CHFS）数据[J].经济论坛，2018（8）.

[27] 王江璐，伍红.新一轮税制改革应如何规避"黄宗羲定律"[J].当代财经，2016（4）：20-28.

[28] 唐云锋，吴琦琦.土地财政制度对房地产价格的影响因素研究[J].经济

理论与经济管理，2018，V37（3）：43-56.

[29] 崔光灿．"去工具化"：寻找房地产业发展的新平衡[J]. 探索与争鸣，2016（5）：47-49.

[30] 任保平．新时代中国经济从高速增长转向高质量发展：理论阐释与实践取向[J].学术月刊，2018，50（03）：66-74+86.

[31] 姜超．中国居民房贷杠杆真的不低了[J]. 股市动态分析，2016（37）：16-17.

[32] 王蕾，周洋．房地产长周期拐点尚需时日——兼评2016房地产新政[J].国际金融，2017（2）：40-45.

[33] 罗熹．美国次贷危机的演变及对我国的警示[J]. 求是，2008（18）：56-58.

[34] 高培道，张婧．日本泡沫经济与金融监管[J]. 现代日本经济，2009，2009（2）：18-25.

[35] 蔡真．我国系统性金融风险与房地产市场的关联、传染途径及对策[J].中国社会科学院研究生院学报，2018（05）：42-61.

[36] 云佳祺．大类资产配置视角下的银行理财转型之路[J].金融市场研究，2019（06）：42-50.

[37] 徐卫东，李梓宁．私人银行的业务承接及其法律风险防范[J]. 东南学术，2013（03）：168-173.

[38] 王志军．当代国际私人银行业发展趋势分析[J].国际金融研究，2007（11）：34-41.

[39] 王高望，赵晓军．财富效应、金融开放与长期增长[J].经济科学，2014（02）：34-43.

[40] 郭彦男．基于客户需求特征的中资私人银行业务发展策略研究[J].商学研究，2018，25（04）：81-89.

[41] 陈芳平．资本裂变时代的财富管理[J].甘肃社会科学，2011（06）：57-60.

[42] 路锦非，杨燕绥．第三支柱养老金：理论源流、保障力度和发展路径[J].财经问题研究，2019（10）：86-94.

[43] 陈默，孙露．金融机构财富管理问题研究——基于客户关系管理的视

角[J].现代管理科学，2019（01）：9-11.

[44] 陆岷峰，吴建平.大数据时代财富管理痛点分析与转型路径——基于智能投顾应用视角[J].金融管理研究，2018（01）：18-33.

[45] 张华宇.资管行业差异化发展之路[J].中国金融，2017（23）：23-25.

[46] 周朝阳."存款理财化"对商业银行经营管理影响研究[J].求索，2012（11）：51-53.

[47] 袁熙. 良好的投资者教育是维护投资者权益的最佳方式[J]. 中国金融，2010，（18）：57-59.

[48] 何庆江.论我国证券民事赔偿中的弱者保护——以虚假陈述制度为中心[J].政法论丛，2003（06）：55-59.

[49] 张腾文，王威，于翠婷.金融知识、风险认知与投资收益——基于中小投资者权益保护调查问卷[J].会计研究，2016（07）：66-73+97.

[50] 吕东. 光大银行理财主打价值创新，成就理财市场多个全国"第一"[N]. 证券日报，2010-08-03E01.

[51] 熊焰，王一玮，尹玉琳.简论当代中国居民财富管理变迁之二[J].山东工商学院学报，2020，34（01）：21-27.

[52] 周建涛.商业银行理财产品收益的实证研究[J].河北经贸大学学报，2015，36（04）：59-62.

[53] 王国刚.简论货币、金融与资金的相互关系及政策内涵[J].金融评论，2011，3（02）：1-21+123.

[54] 张学勇，张琳.大类资产配置理论研究评述[J].经济学动态，2017（02）：137-147.

[55] 于守金，谢家泉，马超.转型背景下银行需进一步提升理财业务投研体系建设[J].中国银行业，2020（05）：67-69.

[56] 卜振兴.公募基金与理财子公司的竞争与合作解析[J].新金融，2019（11）：50-55.

[57] 尹小贝.银行理财业务本质与治理[J].中国金融，2014（12）：39-40.

[58] 苏薪茗.银行理财产品是庞氏骗局吗?——基于中国银行业理财产品市场的实证分析[J].金融论坛，2014，19（11）：43-52.

[59] 张家源，李少昆.银行系资产管理对流动性风险传递路径的影响研

究——一个来自美国自由银行制度的借鉴[J].证券市场导报，2019（05）：32-40.

[60] 黄国平.中国银行理财业务发展模式和路径选择[J].财经问题研究，2009（09）：51-56.

[61] 熊剑庆.中美商业银行个人理财业务比较研究[J].经济纵横，2007（18）：25-27.

[62] 李璇.商业银行个人理财业务现状、问题及对策[J] 财经问题研究，2014（S1）：56-59.

[63] 李文红.商业银行理财业务发展与监管[J].中国金融，2018（22）：30-33.

[64] 马理，李书灏.资产管理业务对商业银行收益与风险的影响效应研究[J].统计研究，2016，33（11）：32-41.

[65] 刘晶，刘亚，田园.中国商业银行资金池理财产品监管探析[J].现代经济探讨，2013（08）：61-65.

[66] 卜振兴.行业变革下理财子公司的机遇和挑战[J].西南金融，2020（04）：44-54.

[67] 唐松.新中国金融改革70年的历史轨迹、实践逻辑与基本方略——推进新时代金融供给侧改革，构建强国现代金融体系[J].金融经济学研究，2019，34（06）：3-16.

[68] 张家源，李少昆. 银行系资产管理对流动性风险传递路径的影响研究——一个来自美国自由银行制度的借鉴[J]. 证券市场导报，2019，000（005）：32-40.

[69] 徐枫，范达强.我国国有商业银行规模经济的实证分析[J].统计与决策，2011（10）：157-159.

[70] 张郁.商业银行资产管理业务的穿透式监管：本质、难点及对策[J].南方金融，2017（10）：66-73.

[71] 曾刚.银行理财子公司发展的重点[J].银行家，2019（05）：47-50.

[72] 季奎明.论金融理财产品法律规范的统一适用[J].环球法律评论，2016，38（06）：93-106.

[73] 罗以洪.大数据人工智能区块链等ICT促进数字经济高质量发展机理探

析[J].贵州社会科学，2019（12）：122-132.

[74] 刘峻峰，李巍.金融新常态与经济新常态的协同发展分析——兼论金融供给侧结构性改革中解除金融抑制的进程[J].经济体制改革，2020（01）：21-28.

[75] 邓婷.银行理财子公司对信托的影响[J].中国金融，2019（18）：53-55.

[76] 任泽平，方思元，杨薛融.理财子公司影响全解析及发展展望[J].债券，2019（10）：12-18.

[77] 卜振兴.行业变革下理财子公司的机遇和挑战[J].西南金融，2020（04）：44-54.

[78] 陈一洪. 城市商业银行零售业务：主要挑战与转型战略[J]. 南方金融，2017（6）：81-89.

[79] 邢志平，靳来群.政府干预的金融资源错配效应研究——以中国国有经济部门与民营经济部门为例的分析[J].上海经济研究，2016（04）：23-31+68.

[80] 徐亚平，朱力，李甜甜.市场预期、资产荒与脱实向虚风险防范[J].上海经济研究，2018（04）：32-40.

[81] 王飞.以成熟资管机构为鉴，探寻理财子公司能力提升路径[J].中国银行业，2019（03）：30-32.

[82] 王玥.公募基金的转型之路[J].中国金融，2013（10）：48-49.

[83] 王轶昕，负菲菲，程索奥.大资管背景下商业银行理财业务发展转型研究[J].管理现代化，2016，36（04）：1-5.

[84] 宋常，马天平.旁氏骗局、非净值型资金运作模式与中国资产管理业务[J].当代经济科学，2013，35（05）：40-51+125.

[85] 仅一.资管行业专家谈如何做好财富管理[J].国际融资，2018（05）：57-61.

[86] 王忠民.促进资产管理行业"回归本源"要"疏堵结合"[J].清华金融评论，2018（04）：2.

[87] 成学真，黄华一.金融结构理论体系划分研究[J].经济问题，2016（06）：1-7.

[88] 苟文均.穿透式监管与资产管理[J].中国金融，2017（08）：17-20.

[89] 张家源，李少昆.银行系资产管理对流动性风险传递路径的影响研

究——一个来自美国自由银行制度的借鉴[J].证券市场导报，2019（05）：32-40.

[90] 周琼.银行系资管子公司的他山之石[J].金融博览（财富），2019（04）：52-57.

[91] 王飞.以成熟资管机构为鉴，探寻理财子公司能力提升路径[J].中国银行业，2019（03）：30-32.

[92] 易宪容，郑丽雅，Lkhagva Dolgorsuren."房住不炒"楼市定位的理论意义和政策选择[J].江西社会科学，2019，39（05）：50-60+255.

[93] 黄晨，邱德荣.城镇化和制造业结构升级互动关系研究——基于挤入挤出效应的考察[J].经济理论与经济管理，2017（05）：102-112.

[94] 黄文青.金融支持、科技创新与循环经济发展的理论与实证研究[J].科技管理研究，2010，30（11）：29-31+41.

[95] 谢伟.银行理财子公司差异化发展[J].中国金融，2019（14）：52-54.

[96] 巴曙松，江雅好，朱虹.银行设立资管子公司的趋势与挑战分析[J].当代金融研究，2018（06）：95-104.

[97] 吴志民.表外业务：发展与监控[J].金融研究，1998（02）：49-52.

[98] 许友传.多层次银行体系的类信贷影子银行活动的表内溢出风险[J].财贸经济，2019，40（12）：79-95.

[99] 刘晶，刘亚，田园.中国商业银行资金池理财产品监管探析[J].现代经济探讨，2013（08）：61-65.

[100] 吕博.银行理财子公司的挑战与发展[J].银行家，2019（08）：64-66.

[101] 王国蓓，刘绍伦，王栋强.商业银行理财子公司核心发展问题[J].银行家，2019（05）：54-57.

[102] 张继强，张亮.理财子公司异军突起[J].现代商业银行，2018（23）：44-49.

[103] 孔航.企业文化与企业核心竞争力关系研究——以金融机构为例[J].人民论坛·学术前沿，2017（16）：142-145.

[104] 邵国有.基金管理公司的薪酬改革与管理[J].经济与管理研究，2005（5）：29-32.

[105] 谢玮.银行理财新规落地：公募可间接投资股市[J].中国经济周刊，

2018（42）：61-63.

[106] 史丁莎，黄亦炫，王晓楠.监管新规下中小银行资管业务发展探析[J].金融与经济，2019，497（01）：81-84.

[107] 郭锐，卜振兴.理财子公司与公募基金的竞合[J].中国金融，2019（10）：65-67.

[108] 杨成元，刘康. 利率市场化后欧美银行债券投资策略及其启示[J]. 新金融，2014（2）：42-47.

[109] 张燕. 银保监会发布《商业银行理财子公司管理办法》，20万亿理财市场迎来"超级牌照"[J]. 中国经济周刊，2018，748（48）：52-53.

[110] 赵泽涵，李海燕，郭爽. 资管新规对商业银行理财业务的影响探析[J].农村金融研究，2018（7）.

[111] 王光宇.资管新规发布，指引银行理财业务转型[J].银行家，2019（01）：25.

[112] 肖立晟.人民币理财产品：概况、运作、风险与监管[J].国际经济评论，2013（03）：93-102+6.

[113] 裴亚洲.我国商业银行理财产品监管思路的回顾与展望[J].银行家，2017（04）：137-139.

[114] 彭俞超，何山.资管新规、影子银行与经济高质量发展[J].世界经济，2020，43（01）：47-69.

[115] 吴磊.开放式基金销售渠道的中美比较与分析[J].证券市场导报，2006（01）：38-43.

[116] 黄孝武，王雄军.渠道营销与资金流动——来自中国开放式基金的经验证据[J].社会科学战线，2016（02）：49-59.

[117] 杨振，刘海龙.基金业绩、业绩分化和基金经理风险调整行为[J].系统管理学报，2021，30（01）：63-75.

[118] 周小川.保护投资者权益是证券监管部门的首要任务和宗旨[J].经济社会体制比较，2002（04）：1-4.

[119] 王占浩，于维娜，郭菊娥.信息不对称下理财产品刚性兑付成因研究[J].管理科学学报，2020，23（10）：82-93.

[120] 郭孟佳.从消费者保护视角看银行理财产品[J].中国金融，2012（22）：

28-29.

[121] 罗金辉.中国商业银行资产管理业务转型的思考[J].清华金融评论，2018（04）：29-30.

[122] 中国工商银行浙江省分行课题组，倪百祥，吴剑军，等. 建立有中国特色的现代商业银行信贷文化体系[J]. 金融论坛，2009（11）：43-50.

[123] 张鹏程. 新形势下加强企业文化建设的探索与实践[J]. 山东社会科学，2014（S1）：126-127.

[124] 卜振兴.行业变革下理财子公司的机遇和挑战[J].西南金融，2020（04）：44-54.

[125] 谢伟.银行理财子公司差异化发展[J].中国金融，2019（14）：52-54.

[126] 孙睿，葛扬.我国地方政府债务风险评估与应对[J].江苏社会科学，2020（06）：90-97.

[127] 任泽平，方思元，杨薛融.理财子公司影响全解析及发展展望[J].债券，2019（10）：12-18.

[128] 宫晓莉，熊熊，张维. 我国金融机构系统性风险度量与外溢效应研究[J]. 管理世界，2020（8）：65-82.

[129] 郑新立.增强改革的系统性整体性协同性[J].红旗文稿，2018（04）：40.

[130] 王国蓓，刘绍伦，王栋强.商业银行理财子公司核心发展问题[J].银行家，2019（05）：54-57.

[131] 云佳祺.商业银行理财子公司：国际先进银行的经验及启示[J].南方金融，2019（06）：66-73.

[132] 崔明，王睿，王春明. 现代企业如何建设团队绩效文化[J]. 科技管理研究，2007，27（11）：200-202.

[133] 刘牧，方勇. 实践理性视角下的经济学理性观[J]. 社会科学战线，2019（12）.

[134] 田国强，夏纪军，陈旭东. 富民才能强国的经济学内在逻辑[J]. 学术月刊，2013，45（11）：65-74.

[135] 董希淼.银行理财子公司：新牌照，新机遇[J].金融经济，2019（21）：9-11.

[136] 张海霞，徐斌，王仁锁，王涛.现代企业集团体制模式与竞争力研究[J].经济问题探索，2002（04）：80-83.

[137] 罗金辉.中国商业银行资产管理业务转型的思考[J].清华金融评论，2018（04）：29-30.

[138] 翟淑萍，白冠男，白素文.企业战略定位影响现金持有策略吗?[J].中央财经大学学报，2019（05）：62-73.

[139] 肖立晟.人民币理财产品：概况、运作、风险与监管[J].国际经济评论，2013（03）：93-102+6.

[140] 田亚欧，安宁，方建武.商业银行房地产贷款信用风险压力测试[J].经济纵横，2011（05）：89-91.

[141] 年志远，王相东.国有商业银行信贷问题的制度性成因分析[J].经济体制改革，2014（02）：140-142.

[142] 宋琴，郑振龙.巴塞尔协议Ⅲ、风险厌恶与银行绩效——基于中国商业银行2004～2008年面板数据的实证分析[J].国际金融研究，2011（07）：67-73.

[143] 李旭.商业银行中小企业信贷决策流程优化的案例研究[J].河南大学学报（社会科学版），2016，56（01）：54-61.

[144] 陈陶然，谭之博.金融体系特征、风险特性与企业创新[J].经济理论与经济管理，2019（07）：49-60.

[145] Davis J P, Eisenhardt K M. Rotating leadership and collaborative innovation: Recombination processes in symbiotic relationships [J]. Administrative Science Quarterly,2011,56（2）：159-201.

[146] 宋晨.中国情境下非正式组织的形成与本质——自组织理论的视角[J].财经问题研究，2019（12）：12-20.

[147] 卜振兴.企业无边界沟通问题研究[J].新西部，2019（30）：77+92.

[148] 区杰峰.资管新规下服务中小银行净值化转型实践探索[J].当代金融家，2019（10）：59-61.

[149] 郭锐，卜振兴.理财子公司与公募基金的竞合[J].中国金融，2019（10）：65-67.

[150] 张翎.商业银行固定收益类净值型理财产品的创设与比较分析[J].国际

金融，2019（02）：29-32.

[151] 安徽银保监局理财监管课题组，殷舟.银行理财子公司面临的五大难点及对策[J].中国银行业，2020（10）：74-76.

[152] 薛小玉，许争，郭甦.大资管时代的银行理财业务发展定位[J].经济体制改革，2014（05）：139-142.

[153] 张志柏，孙健.资产管理公司的重新定位与发展思路[J].经济理论与经济管理，2001（09）：15-20.

[154] 罗志华，黄飚.我国商业银行理财业务的法律问题研究[J].南方金融，2013（02）：78-82+44.

[155] 张建琴.商业银行个人理财业务的发展[J].山西财经大学学报，2007（S1）：111.

[156]卜振兴.理财业务促进实体经济发展的路径分析[J].理论观察，2018（06）：95-97.

[157] 纪敏，李宏瑾.影子银行、资管业务与货币调控方式转型——基于银行表外理财数据的实证分析[J].金融研究，2018（12）：1-18.

[158] 慕伟. 我国商业银行理财业务存在的问题与对策[J]. 社会科学前沿，2020，9（12）：8.

[159] 云佳祺.商业银行理财子公司风险管理研究[J].上海金融，2020（03）：57-62+72.

[160] 吴磊.开放式基金销售渠道的中美比较与分析[J].证券市场导报，2006（01）：38-43.